好妈妈书架

用爱与智慧，陪伴孩子一起成长

好妈妈书架

# 10 Steps to Almost Perfect Parenting

# 重建父母的权威

## 10步成就更卓越的父母

【美】玛丽•艾伦•伦纳（Mary Ellen Renna）著
赵丽敏 译

机械工业出版社
CHINA MACHINE PRESS

**图书在版编目（CIP）数据**

重建父母的权威：10 步成就更卓越的父母/（美）玛丽·艾伦·伦纳（Mary Ellen Renna）著；赵丽敏译. —北京：机械工业出版社，2017.8
书名原文：10 Steps to Almost Perfect Parenting
ISBN 978－7－111－57683－9

Ⅰ.①重…　Ⅱ.①玛…　②赵…　Ⅲ.①家庭教育　Ⅳ.①G78

中国版本图书馆 CIP 数据核字（2017）第 193161 号

机械工业出版社（北京市百万庄大街 22 号　邮政编码 100037）
策划编辑：刘文蕾　陈　伟　责任编辑：刘文蕾
责任校对：陈美蓉　版式设计：张文贵
责任印制：李　飞
北京汇林印务有限公司印刷

2017 年 9 月第 1 版·第 1 次印刷
169mm×239mm·11.75 印张·128 千字
标准书号：ISBN 978－7－111－57683－9
定价：39.80 元

凡购本书，如有缺页、倒页、脱页，由本社发行部调换

| 电话服务 | 网络服务 |
| --- | --- |
| 服务咨询热线：（010）88361066 | 机 工 官 网：www.cmpbook.com |
| 读者购书热线：（010）68326294 | 机 工 官 博：weibo.com/cmp1952 |
| （010）88379203 | 教育服务网：www.cmpedu.com |
| **封面无防伪标均为盗版** | 金 书 网：www.golden-book.com |

# 前 言

我们可能都听说过“养育孩子没有说明手册”这个谚语，所以把孩子培养成健康、快乐、有用的成年人是迄今为止世界上最难的工作，我认为任何父母都可以证实这一点。我们养孩子的过程只有一次，不能回头修正，所以在养育孩子的过程中，每一步都要尽力做正确是很重要的。

在过去的几十年里，社会上出现了一种现象，孩子拥有能力去劝服大人，与父母制定契约，有时甚至制定规则，这种现象让父母和孩子之间变得更像伙伴关系。作为一名儿科医生，我唯一看重的就是孩子在我的医疗室里表现得怎么样。例如，孩子在候诊室等待时应该尊重他人，当然也不能在检查过程中伤害医生、助手或者父母。然而，我每天都会为孩子的举动而感到惊讶。

我问这些青春期的孩子：“你知道今天为什么来这里吗?”他们在回答我的问题时，常常甚至都懒得离开他们的手机看我一眼，而我正站着等待他们的回答。或者，他们以极其无礼的语气回答我的问题：“我怎么知道我为什么来这里?”

当告诉孩子“别再关灯了”或者“不要再玩 iPad 了，宝贝，医生来了”这些要求时，父母需要说五六次，他们才会意识到父母在让他们做什么事，这就更不用说让他们服从命令了。在检查时，父母要向孩子请求他许可一些问题，例如“今天你想让医生给你打针吗?”孩子则拒绝合作，或者提出如下要求：“我愿意打针，但是你必须带我去商店，给我买个视频游戏。”

事实上，我本应该听到的是一种权威却平静的语气，像“宝贝，你今天将要打针”和“宝贝，按照医生的要求去做，张开你的嘴巴”。这会让孩子知道是你在主导这件事情，并没有什么可担心的，在医生检查的过程中不会有可怕的事情发生。

在这些场景下，父母不应该和孩子有长时间的讨论或讨价还价。当要求孩子做一件事时，只需要对孩子说一次。如果他们不听，就必须受到惩罚。

父母必须成为领导者和决定者，应该对于孩子的行为有自己的预期，并且对没有达到预期的行为，应该让其承担相应的后果。孩子因不良行为而受到的惩罚应该使他们感到难过，否则惩罚无效，仍然不能杜绝孩子的不良行为。虽然惩罚措施应该让他们感到难过，但是这种惩罚绝对不能是体罚。最有效的方式是对不良行为立即采取惩罚措施——例如，禁止他们在一段时间内玩手机或者玩游戏。如果感觉不奏效，也可以采取其他措施——例如，取消一次游玩的计划，或者取消一次已经计划好的娱乐活动。

本书的每一步都有大量关于成为优秀父母的信息可供参考。如果认为按照本书介绍的所有步骤养育孩子，是一个看起来几乎不可能的任务，这是可以理解的。但是生活中一切皆有可能，如果你打算竭尽全力做最优秀的父母，应该没有任何事情能够阻挡你。

第 1 步，不要再对孩子说他们是特别的人（除了到目前为止他们对你来说很特别）。

第 2 步，奉劝父母退后一步，停止微观管理，停止控制孩子生活的每个方面。

第 3 步，“让孩子感受失败”，这一步也许是所有步骤当中最难的一步了。当孩子跌倒或站不稳时，他们本来可以体验失望的感觉，可是你本能地总想在此之前去扶住他们，此时应忍住你这种本能反应。这样孩子将学会如何适应这种失望的感觉，以便当他们长大后遇到类似的经历时，这对他们来说就不是什么新鲜事了，那时他们将不会恐惧失败，并且这将会让他们更容易抓住机会！

第 4 步，强调一个规则，即父母要做孩子的教练和领路人。每个父母都认为自己已经是教练了，但……还不完全是。

第 5 步，“做孩子的老师”，这一步看起来是再明显不过的了，可是真正做起来却不像想象中那么简单。作为父母有太多事情需要考虑，但是如果我们每天只做一件事情，并将其转化为一次有价值的人生教诲，我们将会成为孩子最伟大的老师。

第6步，讲述了孩子如何学会解决问题，这门艺术已近乎绝迹。如果我们打算让孩子独立生活，我们就应该尽快教会他们自己解决问题。这样做是为了让孩子具备健全的技能，也是必须培养的一项基础能力。

第7步，讲述了父母做孩子学习的好榜样，这极其重要。因为孩子几乎总是你做什么他做什么，而不是你说什么他做什么。孩子的眼睛总在父母身上转悠——听你说话、看你做事、学你的行为，有些时候甚至你根本没有注意到。如果你开车时在停车标志处总不停下来，或者遇到红绿灯时总是抢黄灯，就别指望你的孩子以后开车时会变得不一样。如果你经常脏话连篇，却告诫孩子不要辱骂他人，这最好也别指望，还是准备好迎接孩子的粗口吧。谨记，做父母一定要以身作则！

第8步，讲述了不能毫无节制地满足孩子，这很容易做到，而且能节省开支，更重要的是能为孩子树立正确的价值观。

第9步，提醒父母也许他们没有意识到自己正在“亲职化”自己的孩子（请求未成年人给出成年人的建议，或者让未成年人承担成年人的责任）。作为孩子的父母，我们不能把孩子当成自己的朋友，就像我们不能把朋友当成自己的父母一样！这会使孩子遇到太多难以应对的问题，同时也会丧失父母的权威性。不要和孩子做朋友！你是他们的父母，所以学着去担当父母的角色吧。

第 10 步，讲述了关于试图让孩子成为你所有想法的复制品的危险性。郑重提醒你不要试图借助孩子的生命来实现你的生活，不要把自己的梦想强加给孩子。

好了，这就是我所讲述的，如何成为更棒的父母的 10 步法。我在家养育了三个孩子，并在工作中指导了成千上万的父母，我意识到作为现代的父母需要承担的巨大责任：为下一代准备好丰富多彩的生活。阅读本书将帮助你甄别出在养育孩子过程中还需要完善的地方，同时也可能帮助你验证已经做好的地方。对于 10 步法中的每一步，如果父母都能成功地实施，就会更有机会培养出优秀的孩子，孩子也更可能在将来大大小小的领域中做出伟大的事情。

# 引 言

我们不能总是为我们的青年一代造就美好的未来，

但是我们可以为未来造就我们的青年一代。

——富兰克林 D. 罗斯福

摘自在宾夕法尼亚大学发表的演讲

（1940 年 9 月 20 日）

过去 30 年，我的生活分为两个主要方面，一方面是当父母，另一方面是当儿科医生。所以我一方面在养育自己的孩子，并应对这一过程中出现的危机与挑战；另一方面也要迎头处理发生在病人生活中各种麻烦和混乱的场景。毒品、死亡、反抗、离婚、欺凌、财务和情绪不稳定，等等。这个列表永无尽头。一代接着一代，需要处理的问题列表不是越来越短，而是越来越长并且更加怪异。科技发展和社会变化深深地影响了新一代人的世界观和价值观。随着这些改变的发生，父母们出现了咨询应对这些新变化的浪潮。

我已经养育了三个孩子，现在都已成年，同时我也观察到我的病人已经长大并将要为人父母。在这期间，我目睹了父母和孩子之间出现的一种令人不安的趋势：孩子正在控制父母而不是父母控制孩子。我看到有些父母过度赞美自己的孩子，优先和孩子做朋友而不是担当父母的角色，他们毫无节制地满足孩子，与此同时，他们却管理着孩子生活的各个方面，这从根本上非常不利于下一代的成长。我们需要做出改变了，越快越好。

在孩子心智正在形成的时期，我们必须快速行动，以培养孩子如何学习及如何处理问题。不管孩子有多大，我们的行动都不算晚，所以开始行动起来做正确的事情吧。这就意味着作为父母，你必须做出改变。不管我们喜欢与否，不管是好是坏，所有这一切都源于父母所具备的能力。本书的目的就是让父母了解如何改变自己的行为，以及应对孩子的方式。这些现在理解起来可能很难，但是对孩子抱有更高的期望，让孩子承担更多的责任，允许孩子体验偶尔的失败，并成为一个真正的领导者，会使他们不断成长、自强自立、并体会到真正的幸福。

每位新一代的父母都会经历一个学习曲线。我们会习惯性地掌握我们父母的养育方法和思想，就像父母养育我们一样。但是如果这些继承的方法和思想有缺陷——我们就会很自然地尝试去修正这些缺陷。有一个事实就是，当我们和其他人在一起生活和相处时，特别是在养育孩子的时候，什么是正确的什么是错误的，这些概念似乎都消失了。在我开始写本书的第一个字之前我就已经想好了本书的题目。坦白来讲，无论是对于我还是对于你——世界上没有完美的父母，并且本书也不会把你教导成为完美的父母。但是我们父母教导的养育方法有对有错，并且我们本能地对父母养育方法的理解也有对有错，我们就可以把父母教导的和个人本能的这两方面的养育方法结合起来，并转化为自己所需要的养育方法，从而使我们成为更优秀的父母。

我们生活的这个时代，与之前相比已经发生了巨大的变化，作为父母已经拥有了很多优势。对大部分人来说，这是一个舒适的时代。然而，有很长一段时间，家庭养育孩子的条件都很差，殖民地居民经常遭受到疾病的困扰和海上旅行的风险。早在几个世纪以前，先驱者一起穿越大平原的时候，遭受了很多苦难甚至死于极端恶劣的生存状况。幸运的是，随着科技的进步，以前要面临的各种危险，大部分都已经消失了，一代接着一代的孩子们都可以在优越的环境中长大。但依然面临一个难题，并且无法逃避——这就是关于生存和成长的心态问题。

这两种心态对发展中的人类社会来说具有哪些影响呢？是过去养育孩子的环境更好吗？当然不是，那时的孩子们常常被置于无法应对的危险境地，因为他们过度劳累、潜在营养不良，且易患上致命的疾病。然而过去不能总被看成迎接未来生活的模板。我不倡导绝对的生存主义生活方式，而是应该拥抱现代社会的优越性（所谓的成长心态）。但是如果想让孩子学到一些优秀的品质，这些品质必须在不得已而为之的情境下才能培养出来（所谓的生存心态）。

在过去不久的岁月里，孩子们被要求提升他们的自尊心、职业道德，以及解决问题和生存的基本技能。这对即将成年并准备独立生活的孩子是有用的。失望对孩子不再是全新的体验，所以即是遭遇失败，也不会被他们认为是世界末日。努力工作和其他期望的行为可以培养孩子的生存意识，让他们成长为成功的成年人。

早期的文化需要自给自足的能力，这演变为孩子要有容忍他人对自己的请求说“不可以”的能力，以及学着处理失望的能力。现在父母们正在努力使自己的孩子有一种自我认同感，这种认同感类似于自尊感和自我价值感。随着自我认同感在孩子心里生根发芽，这将会使孩子更加自信、独立以及更有能力。

父母的职责不是作为孩子的伙伴，而是在生活中担当引路人和指导者的角色。父母制定规则的唯一标准就是有益于孩子。你需要教导他们，并将他们往正确的方向上指引，劝告他们，建议他们，与他们商讨，并在需要的时候阻止他们。如果父母能够心平气和地要求孩子遵守合理的规则，并且他们制定的那些合理的规则被遵守了，那么接下来的光景也将自然是平和的。

当今社会正处在一个关于何为好的养育方式的各种哲学观点的交叉路口，是时候汇聚到一起了。当前出现的各种建议中，有的允许小孩子在生活中做重要决定，有的要父母关注孩子日常活动的各个方面。但似乎并没有要求孩子为自己的行为负责，并且太多的父母对自己不负责任的行为找各种借口。

在最近的电视节目中，一条商业广告让我们看到在这个新时代亲子关系中的荒诞一幕。广告里的场景是这样的：一位妈妈开着小货车行驶在马路上，她刚刚购物回来。车上装满了家庭所需的各种用品，她必须卸货并把东西搬到屋里。现在她的两个儿子正坐在她前面的草坪上，大儿子正在拿着掌上游戏机打游戏，而小儿子正在假扮牛仔。这位妈妈，手上提着两个大的物品袋，大声喊道："孩子们，能过来帮我一下吗？"正在玩掌上游戏机的大儿子头也没抬就说出了尖刻的话："我不知道，能吗？"[㊀]接着继续玩自己的游戏，甚至连看都没看妈妈一眼。但是当妈妈宣布帮忙搬东西会奖励垃圾食品时，他立刻就跑过来帮忙了。

那么我们从哪里开始解释这个令人厌恶的场景呢？虽然电视商业广告并不是真正的电视节目，但事实是这个广告表达的主题思想如此普遍，以至于媒体为了销售垃圾食品将它描绘成日常生活的一部分。父母认为这种既聪明又幽默的行为是普遍的和可以接受的。这种态度让我们对孩子的未来产生隐忧。

大部分父母可以快速评价其他父母。他们评价其他家庭里孩子的态度和行为，以及父母对这些行为的反应。当一个他们没有参与的场景出现的时候，像商业广告中描绘的场景一样，他们就能够清楚地观察到孩子对妈妈表现出的不尊重和粗鲁的行为。然而，当他

㊀ "我不知道，能吗？""I don't know, can you?"这是美国广告中的笑话语，意思是不能。

们自己的孩子表现出这种行为的时候，这种场景在他们的眼中就会变得有些不可见了。所以让父母看到自己孩子的恶劣行为的确是件非常困难的事情，因为所有的父母看到自己的孩子都是小甜心，我们不想让孩子伤心，或者通过表达我们的不允许，使他们离开自己正热衷的东西。

父母都深爱自己的孩子，并且很容易被这种爱蒙蔽双眼。有的父母说服自己孩子对自己说尖刻的话真的没有什么，他们只是在闹着玩，而并不是故意要伤害自己，所以父母觉得这没有问题。或者也许这仅仅是些很容易的家务活，所以没有让孩子帮忙，因为孩子常常忙里添乱，独自完成会更快些。或者相比琐碎的家务活，也许父母也不期望一个有着满身力气的年轻人应该帮助妈妈提袋子，因为孩子的娱乐活动更重要些。不管什么原因，这其中没有一个是在帮助孩子，并且事实上，我们确信这样做会使下一代成为自以为是、生气易怒、沮丧失望的人。

初次为人父母是一种美妙和崭新的情感经历，可以第一次体验到爱宝宝的感觉。父母注视着刚刚创造的奇迹般的宝宝的眼睛，很难保持完全的理性。仿佛你所有的感觉都以一种你从未体验过的方式被唤醒了，并且情感代替了理智，进而统治了你的生活。你会做一些或者说一些你认为从来不可能的事情和话语，那么现在比任何时候都需要一个理性的、有智慧的成年人了，因为你将承担养育新生命的全部责任。阅读本书将有助于指导你从一个被情感过度左右的状态转换到一个更加清醒理智的状态，以确保你可以把孩子培养成幸福健康的成年人。

从遭遇大萧条[一]的一代到电视机前长大的第一代，这些过去的育儿方式我们都可以学习，同时，为了成为更好的父母，我们也需要开辟通往未来的育儿方式。然而，认清现在的问题是第一步。在你没有注意到捆绑你的枷锁之前，你无法高呼自由万岁。为了实现目标，你需要对自己诚实，并且客观地看待自己的行为方式，然后让我们从这里开始吧。

---

㊀ 大萧条：1929—1933年之间发源于美国的经济危机。——译者注。

# 目　录

第 1 步

# 停止对孩子说他很“特别”

如果你很自我地认为，“我很重要，我很伟大，我很特别”，那么，当你看到我们在宇宙中的发现，就会有一些失望。不，其实你并没有那么伟大；也并没有多么了不起。在时空当中你很渺小，你仅仅是局限在地球上被称作人体的柔弱躯壳而已。

——奈尔·德格拉斯·泰森（Neil deGrasse Tyson）

选自 2014 年，在《卡尔·萨根（Carl Sagan）的宇宙》的播出期间，对比尔·莫耶斯（Bill Moyers）的采访

★

- 过度赞美会阻碍孩子发展而非塑造孩子。
- 谨记，孩子只对你很特别，他们对整个世界并不特别。
- 要成功培养心智健全的孩子，需要赞美他们的努力，而非赞美其智商或技能有多高。

当初为人母或将为人母的妈妈谈论孩子的时候，一个词语会在头脑中迸发出来：奇迹。生育孩子是一个奇迹，并且很容易被开心愉快的旋风刮得失去方向。你孕育了新的生命，令人喜爱且年幼的孩子需要你去养育，并将和你一起度过每个日夜。你注视着你自己创造的小宝贝，看着具有无限潜能的小迷人。这是一个多么完美的小天使啊！你的感觉，你的想当然，都是正确的。毕竟，他们有着最甜美的微笑、最动人的面孔、最可爱的动作以及最具潜力的内心。

对孩子而言，未来的人生之路充满了无限可能，等待着他们去遨游探索。每当他们用鲜亮而新奇的眼睛看着你的时候，都会让你遐想万千，而这可能只是一种本能的生存表达方式而已。假如我们不曾珍爱我们的孩子，假如我们不曾欣赏他们走过的人生旅程，这个世界上可能只有极少的人能存活下来。除了孩子自己的父母以外，还有谁能够和孩子一起患难与共呢？这是一种有着自我牺牲的情感，每个人都知道，但并非每个人都真切而深入地思考过。这就像每个情景喜剧中的笑话一样，如果真的发生在你和你的爱人身上，就一点都不好笑了。就像下面这样：再也没有心血来潮说走就走的周末，以及深夜和一帮朋友的狂欢了；再也没有想睡到什么时候就睡到什么时候，以及想什么时候吃饭就什么时候吃的自由生活了；并且有时候甚至很难在使用卫生间时不被打扰。这一切在刚开始时都来不及思考，父母乐意承担随之而来的新的责任，因为你刚刚创造了这个星球上最令人惊叹的人。

在你的世界里，你的孩子独一无二，完美无暇，并且他也应该是这个样子。他们需要知道父母有多爱他们，他们需要知道他们的父母是他们最强劲的拥护者，甚至可以为了保护他们而改天换地，他们需要感觉到父母无条件的爱。然而，让孩子们理解他们不是整个世界中最重要的个体，这绝对关键。

“你的孩子并不特别”的言辞常常会带来强烈的情感攻击，常常搞得大家都不愉快。大多数父母常常会质疑这种说法，并且在听到有人说他们的孩子并不是很特别时，都会极力争辩。最难的地方在于，你需要理解，你的孩子仅仅对于你和爱你的那些人是特别重要的。当父母没有意识到他们的孩子对他人来说并不是什么非凡的人，并且也不需要被当作非凡的人时，就会带来麻烦。一旦父母认识到他们的孩子仅仅对于自己和少数其他人很特别时，就开始准备为这个世界培养自己的孩子——这个世界常常除了把他们的后代看成很普通的一员之外其他什么都不是——只有这样才能不断地把孩子塑造成为成功有用的成年人。

在我们这个星球上生活着几十亿人口，大部分人都会跌落到普通人当中，很可能也包括你的孩子。这对父母来说真像坚果一样难以吞咽。当然也有很多孩子在某些领域具有超乎常人的天赋，但这并不意味着这些孩子和普通孩子相比，基于社会标准而言有多么重要。甚至对于那些罕见的神童来说，接地气的生活也很重要。

每个父母都把自己的孩子当作心肝宝贝，但其他人并不这样看待，这和大多数父母对现实的认识截然相反。你创造的这个小人儿怎么可能不特别、不美妙、不神奇、不是一道亮丽的风景呢？这真的有些不太可能。更令人困惑的事实是，父母被告知，他们需要使孩子觉得自己很重要，并且必须被大加赞美。这造成了他们的盲目自信，增强了他们的自私任性，使得这些“特别”的孩子强烈地感觉到——唯我独尊、惊艳四座。

通过严肃而批判的眼光审视我们自己，有多少人真正属于那些

“很特别”的类型呢？特蕾莎修女（Mother Teresa）和马丁·路德·金（Martin Luther King Jr.）（当然我们也可以举出更多的例子）或许是过去上百年来地球上几十亿人当中真正超乎寻常的两个人。而遍布地球上的其他人则大都是一般的、普通的人。一些人可能具有更多的才艺、更多的智慧、更多的体能甚至极其罕见的能力，但是如果你真正爱你的孩子，你需要使他们正确认识自己，不要让他们认为自己高人一等、高高在上。

戴维·麦卡洛在（David McCullough Jr.）其著名的高中毕业典礼演讲中，提醒我们，“即使在百万人当中你独一无二，而在68亿人的星球上意味着有接近7000人和你一样。”作为7000人当中的一员，不会使一个人有多么特别。这些名言常常发人深省。

那么我们应该怎么做？为什么要那么做？婴儿潮[㊀]X代的父母，是指在婴儿潮之后1956—1980年间出生的已经做了父母的人。他们总被教导说必须对孩子大加赞赏才可以培养出孩子的自我价值感，如果在塑造孩子的自尊心时失败了，如果父母没有足够地赞赏孩子，他们就会毁掉孩子的未来，孩子将不能成长为一个出色的、成功的、自信的、幸福的成年人，这种威胁始终笼罩着父母。所以父母必须使尽浑身解数地用爱心、赞美、嘉奖来装扮孩子。父母必须告诉孩子他们有多么出色、多么重要，并以此来培养孩子。父母

---

㊀ 婴儿潮：美国婴儿潮，特指美国第二次世界大战后的“4664”现象。从1946—1964年，这18年间婴儿潮人口高达7600万人，这个人群被通称为“婴儿潮一代”。

必须赞赏孩子所做的每一件事情，以塑造孩子的自尊心。

当孩子在 18 个月大的时候建造了一座城堡，父母惊讶地上窜下跳，认为他们的孩子将是下一个伟大的建筑师。“这是一座多么不可思议的城堡啊”，他们对着“小神童”称赞道。如果当孩子 4 岁时，表现得早熟，父母便使用各种言辞称赞：“她难道不是最健谈的天才吗?”当孩子六年级时在学校获得荣誉，父母便开车贴上标签四处兜圈，似乎要向全世界宣布，“我的孩子是优秀学生”。当孩子步入青少年，在学校的棒球队赢得了比赛，也时常被父母称赞，“你真是个了不起的运动员”!

父母被告知，让孩子感觉到自己的重要性将有助于孩子建立生活所需的自信心。所以做父母的一种自然的反应就是，竭尽全力让孩子觉得他们自己很重要。一个常见的场景是，父母允许孩子持续地打断自己与另一个成年人的交谈，每当这时，父母都会停止与成年人的交谈，来回答孩子的问题，而并没意识到这对另外一个成年人来说是多么的无礼。父母这样做，是试图确保让孩子有一种被一视同仁的感觉。父母觉得，只要孩子提出问题就能立即得到回答，这样孩子绝对不会觉得自己不重要，所以，不管父母正在做什么——正在通电话或者正在与另一个成年人交谈，孩子只要提问题，就会得到回答。

另一个事实是，父母都担心自己的孩子仅仅是一个普通而平凡的孩子，谁想要平凡的孩子呢？如果我们培养他们并对他们大加赞赏，就会使他们变得非同一般。所以，告诉孩子他们是多么令人惊叹，多么聪明伶俐，似乎这样，他们就可以向着父母期望的方向去发展了。

下面的描述如同轰雷之声，将使你震惊。研究已经表明，上述行为并不是培养孩子真正的自尊心和自信心的正确方式，过去的几代父母已经被指引到错误的方向去了。有一项研究在过去十多年已经变得广为人知，这项研究通过设计以尝试大加赞赏来塑造孩子的自尊心，并观察其如何影响孩子，但最终得到的却不是我们期望的结果，而结果似乎与我们以前学到的正好相反。给予你的孩子持续的赞赏，并且让他们感觉到他们正好是被上帝选中的那个人，这会让他们产生狂妄自大的感觉，进而会让他们在与其他人沟通交流时变得更加困难。而这样做所带来的影响会导致不安全感和恐惧感。

使你的孩子感觉到太阳在围绕着他们转，因为在这个地球上，他们看上去是最近乎完美的了，这会导致他们产生傲慢自大的感觉。在童年生活的每一个阶段，持续地大加赞赏对他们没有好处。当然，爱孩子、支持孩子以及用“我永远爱你”等言语表达对孩子的感情是极其必要且必需的，要经常进行。但告诉你四岁大的孩子让他等一会儿，等你和成年人交谈完毕之后再回答他的那个重要问题“我现在想要一个棒棒糖，妈妈，能给我买一个吗”，肯定也是可以的。

尽管你教导过孩子，打断别人交谈是粗鲁的行为，但当孩子不停打断你和他人的交谈时，你还是会立马回应他，这其实有悖于你的育儿理念。现在正在发生的是，我们养育的孩子正在形成过度膨胀的自我意识，认为自己做什么事情都理所当然。

自大的孩子可能来源于各种培养方式。排队时需要站到第一个，“因为我是最重要的”，或者聚会时认为“我应该吃那个最大的纸杯蛋糕”，他们一直认为“我的东西更好”，因为父母就是那么教导他们的。父母总是告诉他们，他们的沙堡建造得总是比别人的好，他们能够跑得最快……我妈妈告诉我，“我的信件写得最好，因为我很聪明。”难怪他们都成了自恋狂。很明显，当此种情形继续循环往复，孩子在与同龄人沟通交流时就会变得很困难。他们自大的想法会继续膨胀，但美好的品质却越来越少。“特别的孩子”将不再是讨人喜欢的孩子，其他的孩子也会自然地躲开他们。

刚进入幼儿园的 5 岁孩子在生命的前 5 年里总是听到诸如他“智慧过人”，他是“最了不起的画家”，他是“最优秀的足球运动员”，设想一下当他认识到其他人都和他很像的时候，他将会是什么感觉？他被告知他聪明伶俐，且对一些事情很擅长，所以他认为一定是这样的，但是在内心里，在他思想深处的某个地方，他意识到他真的和其他孩子没有什么不同。

这些现实的冲突催生了不安全感、恐惧感和羞愧感。由于害怕失败，这种孩子将会逃避挑战。他必须是最好的，因为他的爸爸妈妈总是这样告诉他，这意味着他必须能够一直赢，但是他不可能在所有情况下都能赢啊。所以，精明的小孩子将只会去挑战能够保证成功的事情，以确保“我是最棒的”这种事实能够继续存在。他将逃避可能会带来障碍的任何事情，这将使他失去很多机会，尽管这些机会可能会带来更大的成功。

对5岁的小孩来说，失败的恐惧可能会变得难以应对，甚至会压垮他们。如果没有竞争对手做得好，他就会因为没有超越竞争对手而感到羞耻。随着不断的逃避，如果遇到任何他不能取得很高成就的活动或者挑战时，他就会寻找各种借口。这对幼儿园里的小孩是多么沉重的负担啊！他已经迈错了步子，而这应该由父母来扭转这一趋势。

越来越多的研究结果告诉我们，在养育孩子的过程中，持续赞美孩子的做法必须要结束了，或者就如何赞美孩子进行重新调整。心理学家已经深入研究了我们需要如何去做，其研究结果非常有趣且令人大开眼界。

卡罗尔·德威克（Carol S. Dweck）是一名心理学家兼研究员，他提出了“固定心态”和“成长心态”的概念。在她的研究中，她识别出了这两种不同心态的孩子。“固定心态”的那些孩子认为智力是静态的，是不能被改变的——它是上帝赐予的神圣礼物，一经拥有不再改变。这些“固定心态”的个体更加关注人们如何看待自己，很少再学习提高，对他们自己来说，重要的是被认为很聪明。

因为拥有“固定心态”的孩子们很在乎自己是什么样的人，也就是说，他们很聪明，他们会逃避那些可能不会成功的挑战，这样才会显得自己并不笨。他们只愿挑战那些会强化他们擅长的事情。如果他们真的聪明，那么就会轻而易举地挑战成功，不费吹灰之力，所以他们不再需要努力学习或工作就可以做得很好。对于需要努力工作来迎接的挑战，他们会本能地避开，以维护他们所坚持的真理：聪明才智的人不需要在工作中学习。因为在他们看来，努力工作以求达到好的结果，并非聪明人所为，所以他们会逃避那些不易成功的挑战。

拥有“固定心态”的孩子看起来有点像巴里（Barry），他是一个十年级的学生，所有的成绩都得了 A 等。在此之前，巴里在学校里过着相当幸福的日子。他自吹自擂地说自己即使从来不看书也可以一直取得惊人的成绩。他的老师都一致认为他是一个好学生，一个才华横溢的年轻人。他的高中指导老师推荐他到所有的荣誉班去学习。巴里很高兴他的指导老师看到了他的聪明才智，但是他也担心自己可能学不好。于是他决定只参加一门科学荣誉班，因为他总是被称赞是个了不起的科学神童。新荣誉课开课后，巴里不再能够不做任何准备工作了，这个课程比他预计的难很多，于是他拒绝上这门课程。他立即放弃了这门课程，甚至课程的第一次测验都没有参加。

巴里天资聪慧的“固定心态”吓跑了自己，使他不愿再挑战更高级的课程。如果做得不够好，这对他来说太尴尬了，所以他宁愿放弃也不愿学习提升和迎接挑战。

德威克博士提出的“成长心态”与“固定心态”相比，是另一种不同的观点。具有“成长心态”的个体把才智看作一种可重塑的状态，他们认为，事实上智力和学习能力都可以通过努力来提升。他们很少关心自己是否被认为天资聪明，而更多关心实际的收获和付出的努力。他们很少害怕挑战，而更倾向于承担有难度的项目。

具有“成长心态”的孩子是什么样呢？让我们再返回到巴里这个十年级成绩都是A的学生。如果巴里具有“成长心态”，当他的指导老师推荐他到所有的高级班后，对于更难的课程，他并不会担心自己可能学不好，而是愿意去参加全部的荣誉课程。具有了“成长心态”，他不会为所有成绩不都总能达到A而过度担心，并且也不会在意是否被认为天资聪明。他的“成长心态”认为，这是一个改进自己学习和技能的契机。他将兴致勃勃地迎接挑战，并希望通过锻炼自己的大脑肌肉达到一个新的高度。

最终的结果是，在这种情景下的巴里将会迎接挑战，并且与放弃掉荣誉科学课程的巴里相比要好很多。相比参加却又放弃掉荣誉课程的“固定心态”的巴里，“成长心态”的巴里将会有一个更好的高中履历，即使他的成绩会稍微低一些。当大学查阅巴里履历的时候，参加荣誉课程的失败经历与成绩稍微低一些的经历相比，前者会更加恶劣。

理解了这两种不同的心态之后，我们就能够解释那些被父母大加赞赏的孩子身上发生了什么。被赞赏为天资聪慧的孩子倾向于发展为“固定心态”，而被赞赏为做事努力的孩子倾向于发展为“成长心态”。

那么在现实世界里，这对于你的孩子意味着什么？当父母或老师不断嘉奖孩子或孩子天资聪慧时，孩子了解到他们自己被理解和认可，仅仅是因为他们天资聪慧。当被看作表现良好的聪明孩子时，他们起初可能会感觉良好，但研究表明这种状态其实很短暂。被赞赏为天资聪慧的孩子会变成“固定心态”，认为智力水平和智力成就不能改变。当他们在学校面对问题需要更多努力时，他们不会去努力工作提升自己，而是做得更少，然后他们会失去自信并且很可能放弃。认为赞美会增强自信心的想法已经被表明会产生负面的影响，甚至孩子会在迎接挑战之前就从简单且容易完成的任务中退出。他们这种不坚定的自信心会把他们带进恶性循环。因此，赞美他们会产生完全负面的影响，而不是在技能之上塑造自信心，这导致了他们的自信心更加彻底地不坚定。

但是，赞美他们的努力而不是智商能力更有可能培养他们的“成长心态”。这种心态能够激发孩子学习的欲望，因为积极的驱动力会伴随着学习的过程，而不是他们天生的能力或已取得的成果。这些孩子更有可能愿意面对挑战，因为他们更少担心是否被认为天资聪慧，而更有兴趣去迎接更多具有挑战性的工作。从本质上讲，他们更可能去追踪解决问题而非逃避问题。

这些原理在现实中是什么样子呢？我们如何采用这些原理并在实际中应用呢？如果父母开始采取一些小步骤，他们将开始认识到，做出这些小的改变并不困难，并且能产生很大影响。

我们来看一些不同年龄段孩子的例子。杰米是一个3岁的孩子，她放学回家带了一幅关于家人的绘画作品。这幅绘画作品相当有水平，因为她画了她的妈妈，且对于身体各个部位，如胳膊、腿、眼睛、鼻子等细节的把控都很到位。她的妈妈在画中最高大，她的爸爸紧挨着她的妈妈，而仅仅以轮廓的形式显示了腿部，紧挨着她爸爸的兄弟姐妹依次越来越矮小，细节越来越模糊。她的妈妈被这幅画所蕴含的思想惊呆了，真是千言万语都无法表达妈妈此时的心情。杰米的妈妈是她生命中最深的情感依托，所以这个小女孩当然要把她的妈妈画得最大、最详细。太不可思议了！杰米的妈妈充满自豪地说："啊，我的天哪，杰米，这是我所见过的最令人惊叹的画像了！你真是太了不起了，真是个天才。"

我们很难因为这种反应而去指责这位妈妈。毕竟，似乎我们都被程序化为以自我为中心，并去看待我们想看到的事情，任何时候只要我们愿意我们都能让自己的孩子喜笑颜开。然而，这位妈妈正在让杰米拥有一种"固定心态"。这位妈妈的目光短浅使她对孩子的赞美过分地夸大其词，以使孩子感觉自己很特别，这种夸大其词可能就是类似"你真是太了不起了，真是个天才"的说辞之一。

相比通用而空洞的赞美，说一些赞美她创作过程的话会更有用。“杰米，你画这幅画真的非常努力”。或者可以说，“我喜欢你绘画时在色彩运用上的想法，并且能够把妈妈画得这么详细逼真”。这些话更多地赞美了绘制画像时的工作过程，而不是笼统地说“你真是太了不起了，真是个天才”。这些赞美努力的话要有所不同，但也应该重复地说，例如，赞美他在一个项目上工作很努力，或者在挑选彩色铅笔时思考绘画的最终效果。赞美她在此付出的工作和努力会促使杰米变成一个“成长心态”的孩子，这种心态会随着她的成长更可能给她带来成功。

一个正在学习弹钢琴的五年级学生，如果被这样称赞：“我喜欢听你弹奏钢琴，你真是小莫扎特在世”会培养“固定心态”。但如果你说：“你今天练得非常辛苦，真是太棒了”，这样的称赞会培养“成长心态”。

在艺术课上雕刻塑像的青少年最有可能被这样赞美：“你真是正在雕刻的米开朗琪罗”，而不是被称赞他在放学后为了完成此项目所花费的时间。从长远来看，前者贻害无穷。

当学习成绩没有达到想要的结果时，例如花了数小时而写的一篇作文成绩被评为 C－，父母也应该给予关注，应该竖起大拇指鼓励孩子写作文所花费的时间和努力。毕竟，生命中的任何事情都需要努力，但并非任何事情都可以成功。如果我们评论每一个或大或小的成就时，只会使用滔滔不绝的赞美之词：“天哪，你是最棒的！”那我们就会对如何取得成就的过程弃而不顾，其实这才是需要强化的最重要的部分。

在现实世界里，父母过度投入以保证孩子的自我意识每天都可以得到强化，所以可能不太容易记得对过程进行称赞。这也许是一个很难打破的习惯。父母常常不放心孩子是否有一个稳定的基础，并且这种担心很难消除。一些父母可能武断地认为，他们所知道的就是最好的养育方式，并且容易受到自己焦虑情绪的控制。过度的担心可能会阻碍孩子自我意识的稳健成长。

通过赞美来鼓励孩子已经在父母的心中根深蒂固，所以他们很难改变这种想法和习惯，但还是需要环顾四周，看看是否有什么地方不对劲儿。生活中的例证比比皆是。一些啃老族从大学毕业后却无法过渡到成人期，还需要无所事事地待一段时间。当今社会，由于父母持续不断地大加赞美孩子，因此傲慢无礼、自我标榜的成年人不断增加。在商店排队的时候，就能够听得到人们如何与其他排队等待的人们恶语相向。妄自尊大、傲慢自负、虚荣无知的人到处都是，我们真的不再需要更多的例证来说明父母在哪些地方做错了。

当我们培养孩子的时候，需要沿着正确的道路前行。当你站在足球场边，看到女儿踢进制胜一球的时候，给予鼓励性的话语仍然很有必要。你仍然可以说，“太棒了！我为你感到骄傲”，但是，加上更为重要的一句赞美努力的话“我为你大量的训练和付出感到骄傲”，则会鼓励孩子形成“成长心态”。如果父母对孩子赞美时的措辞能有一点点意识，这将会产生很大的影响。轻松地完成家庭作业，并且在学校的每一次测验中都做得很好的小学生不应该被称赞说“你真是个小天才啊”，而应该被称赞每天晚上都能做完家庭作业，或者“你在课堂上注意认真听课并努力学习，真是太棒了”。

一个孩子要坚持给每个人展示他能够系鞋带的本领，这时可以这样提醒孩子，“不是每个人都想看你系鞋带，但是我很高兴你能不断努力地去练习”。

需要提醒的是，你要重新组织你的语言和赞美之词并赞美他人。你如何表达对孩子成就的激动兴奋之情，将有助于强化你想要孩子重复的何种行为过程，比如努力做好家庭作业。

将孩子从宇宙的最中心处带出来，这种去中心化是在正确方向上走出的坚实一步。这将帮助他们有一个更好的机会成长为成功的成年人，这些成年人将不再傲慢自大、自我标榜、胆怯自恋。

## 第 2 步

# 停止对孩子进行微观管理

不是你为孩子做事情，而是你教会他们自己做事情，才能使他们成为成功的人。（译者注：正所谓“授人以鱼，不如授人以渔”。）

——安·兰德斯（Ann Landers）

选自安·兰德斯的著作《安·兰德斯说真相更离奇》（*Ann Landers Says Truth Is Stranger*）

★

- “直升机型父母”在孩子心中滋生焦虑。
- 微观管理孩子的生活会导致孩子输在起跑线上。
- 父母的过度参与会导致孩子习得性无助。

微观管理的定义是控制活动的每一部分，或大或小。在商业中，当老板进行微观管理时，他们过度参与商业运营的每个方面，而不委派代表执行。这会阻止员工学习相关的技能，而这些技能正是公司发展壮大所需要的。微观管理型老板经营的公司会导致失败而非成功。

在家庭活动中，微观管理型父母，或者“直升机型父母”会过度控制孩子生活的每个细节，从而在家庭上空投下黑暗的阴影。他们不停地在孩子上空旋转，确保参与每一个小细节，从孩子在游乐场玩什么，孩子吃饭的选择，到孩子的体育活动、校园活动以及朋友选择……微观管理型父母是过度参与型父母。当微观管理型父母忙于精心安排孩子的每个细节，以确保他们成功时，产生的直接后果，就是可能会导致更大的失败，也就是他们从不让孩子成长为一个能够自我管理的成年人，或者让他们能通过谋生去照顾自己。

通过多年的观察，父母的过度参与已经被高校管理者们所熟悉，因为他们正看到越来越多的学生在焦虑、独立生活和新关系调整中挣扎，这是微观管理型父母造成的直接后果。父母把孩子送入大学，但这些孩子的情感却是残疾的，因为他们从来没有学过如何管理自己的生活。我们又怎么能希望他们会获取成功呢？

成为参与型父母对于孩子的成长非常有益。它能够帮助孩子树立自信心，培养良好的家庭幸福感、自我意识和协作意识，进而帮助孩子成长为父母所希望的有用的成年人。然而，过度侵入型父母培养的孩子会有一种缺乏强烈的自我意识的风险。他们“能做到”的信念也许从来没有发展，而他们被教导的方式却促使他们产生了无助感。这进而可能导致焦虑——而且这代孩子经历的焦虑似乎达到了历史最高水平。

识别出患有焦虑症的孩子很重要，因为如果焦虑症未经治疗，他们将面临较高的物质滥用、学习失败和患抑郁症的风险。预防焦虑症的发展显然是一种更好的方式。对于具有焦虑症问题遗传倾向的孩子，最糟糕的事情是，他们是由过度参与型父母带大的，所以，如果他们的父母在与他们生活的过程中少参与一些，他们的焦虑症倾向就会减轻。深入观察这种焦虑症产生的原因，有不止一种因素导致了这种新的趋势，但父母对孩子的微观管理肯定是主要的原因。

试图管理孩子生活各个方面的父母正在冒着从根本上压垮孩子的风险。因为孩子的事情都由父母处理，他们将会失去很多学习如何应对各种情况及管理他们生活的机会。让你的孩子在没有你的帮助下做自己的事情，从长远来看，这对他们的帮助将会很大。

对过去的反省可能会揭示为什么一个人会成为微观管理型父母。最明显的原因来自父母天生的性格类型。一个特别焦虑的妈妈或爸爸，会由于太担心孩子而不让孩子在没有他们经验的指导和保护下去冒险执行一个计划。过度参与型父母的另一个特点就是需要控制孩子生活的各个方面（一些控制型的性格类型源于过度的紧张焦虑，而其他的则源于缺乏自尊）。还有一些父母在他们的后代中看到了他们自己，并想要通过孩子重新度过他们自己的童年生活，以实现自己没有实现的梦想。他们将不惜一切代价来确保他们的孩子在每件事情上都成功，这样他们就可以通过他们的孩子实现或者重新实现自己的梦想。

还有另一种控制型父母生长在一个和过度参与型父母完全相反的家庭。他们和完全不参与型父母生活在一起，他们的父母从来没有参加过他们的棒球比赛，或者当他们赢得拼字比赛的奖杯时也没有得到父母的任何关注和赞美。这些新的父母发誓，他们要参与孩子的生活，但却超越了父母角色的限度而变成了过度参与。

不管什么原因，能够识别出微观管理型父母是重要的，并且识别出父母是否具有这些特征也是有用的。理解一个人为什么会以某种方式行事，将有助于其改变行为。如果你能识别出这些特征或者了解早期的历史，将有助于你意识到过度参与型父母的倾向，也许可以同时避免相关问题的产生。

父母需要密切留意一些迹象以便启发自己。对于某些焦虑症患者，一些证据甚至可以追溯到孩子婴儿期那么早——是的，婴儿期！儿科医生通过最初的几次来访就可以了解到过度参与型父母的形成过程。痴迷于宝宝生活中的每一个细节的父母将会成为微观管理型父母。

当然，父母必须了解婴儿的生理需求，并且应该知道什么是错误的或不正常的，但是没有必要对孩子每一次大便的气味、每一声咯咯欢笑，或者每一次响声都高度关注。如果父母站在婴儿床边，注视着婴儿一点也不急促的呼吸，总感觉什么事情可能有问题，那么他们正在成为霸道专横的父母。在大多数情况下，常识应该永远占据统治地位，一个健康婴儿的新父母应该花更多的时间和婴儿一起享受时光，而花更少的时间担心什么可能有问题。

当孩子长到刚学会走路时，父母可能会跟踪他们的孩子放入口中的每一份食物，并开始过度担心关于宝宝健康的观念是否正确，以及茁壮成长的孩子有没有得到足够的营养。从他们早上喝的酸奶到一天结束时咬的一口鸡块，父母整天追着试图让孩子塞进更多的食物到他们的肚子里。（顺便说一下，这场战争本应该永远不会开始，因为孩子如果被强迫吃饭，他们总是会拒绝，所以，他们总会战胜父母。）父母不断地控制着每一份需要孩子吸收的食物，同时又担心这些食物是否足够，这真是微观管理带来的噩梦啊！

没有必要跟踪和痴迷于你的孩子吃什么，父母只需要知道自己是在为孩子提供健康的食物供其选择就够了。这并不意味着因为孩子拒绝吃你做的健康晚餐，你就要为他做 2 ~ 3 种不同的饭菜。如果你确实喜欢这样，比较好的做法是在做饭之前给他们两个或多个选择让他们决定吃哪个。例如，你可以问："今晚你想吃鸡肉和菜豆呢，还是鲑鱼和花椰菜？"你很可能会听到"呀，我不想吃这些"，这时候将由父母做出决定。

当每个人都坐下来吃饭，且孩子的盘子盛好了健康的食物之后，他就会决定吃什么。只要你提供了饭菜，他饿了自然会吃。只要有饭吃，就没有必要担心你的孩子会饿着肚子上床睡觉——这并不是所有的孩子都能有的一种奢侈享受啊。换句话说，只要有机会吃，没有孩子会挨饿。父母常常担心孩子可能会挨饿，其实这种担心完全是无用的，它只会点燃父母在饮食方面的过度养育之火。父母会开始做不同种类的饭菜，即使孩子不饿，也坚持必须让孩子吃点什么东西。随着孩子的成长，这反过来又可能导致混乱无序的饮食行为。

微观管理型父母将5岁的孩子带到游乐场，不是让孩子自己在娱乐器材上尽情地玩耍，并和其他孩子欢快地嬉戏，而是和孩子搅和在一起。父母指手画脚的阴影将会投射在孩子身上，因为他们从不让孩子脱离自己手臂的控制范围。父母会手把手地训练孩子去滑滑梯，然后去丛林体育馆，然后去游泳馆，他们不断地精心安排孩子的游戏时间！由于不允许年幼的孩子规划自己的空闲时间，父母开始在无意中挫伤孩子的价值感和自尊感。如果父母不允许孩子进入游戏区冒险，并在游戏舞台上表达自己的愿望，那么孩子怎么会有自信心呢？

现在来了一个比你的孩子更好斗的孩子，新来的孩子坚持要先滑滑梯，即使还没轮到他，过度参与型父母会立即责骂新来的男孩不排队等待，而不是让孩子去处理这种情况。只要没有近在眼前的人身伤害，这位爸爸就应该让孩子自己去处理。让孩子自己照顾自己有助于构建他的大脑前额皮层，即大脑的思维部分。构建大脑的这一部分可能会有助于使他避免焦虑，并且这是对孩子未来的投资。每当你有干涉的冲动，而这种干涉又是不必要时，提醒自己，这是在构建孩子的“大脑肌肉”。如果你让他独自解决这个问题，不夸张地说，那你就是在构建孩子的大脑啊。让他的能力茁壮成长吧，即使这样做违背了你的本能。

从孩子长大到进入小学的过程中，可以找出很多微观管理型父母的证据。如果你已为人父母，且你家有个三年级学生，一个安全可靠的假设是，你已经完成了三年级的课程，这意味着你不需要跟着孩子再学一遍了。所以当你的孩子从学校回到家，你的工作不是去翻阅他的学习内容和分配给他的家庭作业，也不是和他坐在一起做家庭作业。父母的愿望是想让孩子将来在学术上表现优异，在学校表现良好。这也是大多数深爱孩子的父母的渴望，但是我们需要做的是拿什么来区分好的父母风格和不好的父母风格，以及如何来区分。

父母帮孩子拿出作业，坐在孩子旁边直到孩子作业都做完，代孩子完成每项任务，这不是帮助孩子。在这一点上，父母的动机无关紧要，无论是在担心你的孩子无法通过数学考试，还是上不了大学，或是有另外的焦虑，最为重要的是，你没有让你的孩子做什么——不仅仅是完成布置的家庭作业，而是需要头脑思维的组织和准备，选择合适的书籍，提醒自己家庭作业快到期限了，然后再完成家庭作业和所需的任务。

当孩子在被问题难住或者需要帮助时，总是可以求助于父母，但这并不等于给父母开绿灯，让父母可以接管孩子的任务，直到完成。这只是意味着回答孩子提出的问题，然后让他自己来完成。让孩子做他自己的事，可以构建他长大后所需要的技能。如果他不学习怎样完成简单的任务，比如学习如何做研究或做功课，他就学不到如何才能成功。当他成年且有了自己的工作后，他必须在父母不在身边的情况下过自己的生活，但是如果他在未成年时常常需要父母替他做事，他就学不到生活所需的技能。

参加女儿足球比赛的父母应该在球场为女儿加油欢呼，而不是记录她在比赛中打了多少时间，或者争论对犯规的裁决是否公平。面对犯规，发飙尖叫并对教练甚至团队中的其他孩子大喊大叫，这样做的父母都是过度参与型父母。

在曲棍球比赛中你站在边线提醒你儿子向着目标移动或传球了吗？或者也许在比赛后你会告诉他，他应该在第二节时有机会进球或者更多地传球？一些父母认为，这种行为只是提供好的建议和指导孩子成为更好地曲棍球选手，但是你的孩子向你咨询过意见吗？他是否真正热衷于听你试图告诉他怎样玩这个游戏？

退后一步讲，先找出为什么会发生这种行为。答案可能是，你只想为你的孩子提供最好的，并希望他快乐。可以理解的是，如果他曲棍球打得好，他一定会高兴的，这是很自然的事情。其他可能的答案是，你在学校是个不错的曲棍球选手，并且你知道你的孩子可以打得更好，因为他是你的儿子。不论什么原因，结果就是你会成为一个“直升机型父母”。

尝试在球场边线上指导你的孩子可能只会让他失望，因为他知道你对他的能力不认可。即使你和孩子击掌祝贺，并说“比赛太棒了，儿子”，但是场上的叫喊和指挥只能告诉他，没有你在边线上的指导，他在比赛中还是不够好或者不够聪明。让他玩自己的游戏吧，你只管为他加油就可以了。总之，这不是你的曲棍球比赛，这是他的。

父母觉得需要参与青春期孩子体检预约的每一个环节，这显然是过度参与。妈妈坐在正在体检的 17 岁儿子的旁边，喜欢插话问儿子感觉怎么样，或者回答本来应该儿子回答的问题，这是一种过度侵入型父母。这些父母需要完全地指挥和控制孩子，对孩子是否可以正确地处理所有重要的问题并没有信心，这也是完全地过度养育。

即使孩子是一个具有完全行为能力的年轻人，父母也很担心他们的孩子没有能力和医生沟通医疗问题，所以，父母也会为孩子出面沟通。这从本质上深深地损害了你那正值青少年的孩子，这让他知道，你不相信他有能力来处理自己的健康问题。

每次当孩子的成绩得了 B 等级或者 C 等级时，父母就会打电话和高中老师约谈，认为他们的孩子应该取得更好的成绩，这显然是过分参与了。父母真的需要和一个高中老师谈话是一个极其罕见的情形，但不幸的是，由于担心孩子进不了好的大学，越来越多的父母开始介入，微观管理他们高中孩子的成绩。

这些父母的孩子正在丧失一些重要的生活技能。如果孩子确实应该得到更好的成绩，他们自己才是应该去和老师辩驳争论的那个人。你读高中的孩子已经步入青少年了，可以用语言来满足他自己的需要了，他已经不是一个第一次上幼儿园的 3 岁小孩了。如果他觉得自己应该得到一个更好的成绩，就让他自己去和老师说，并把自己应得的成绩争取回来。父母与高中老师谈话以帮助孩子取得更好的成绩，这实际上剥夺了孩子的权利，降低了孩子的自信。如果你觉得你的孩子遭受了不公正待遇，那么为此行动是合情合理的，但是试图介入读高中的孩子和老师沟通的行为是没有道理的。

对孩子来说，学习如何沟通和如何生存是人生无比宝贵的技能，需要鼓励。过度参与型父母必须看到他们削弱了孩子向外界发出的声音。相反，父母应该鼓励孩子出来面对世界，所以当现实世界来敲开他们大门的时候，他们可以应对自如。不幸的是，微观管理型父母阻碍了青少年发展成为一个主张自我、倡导自我的成年人，随后也抑制了他们独立性的发展。

随着大学入学时间的临近，微观管理型父母开始帮已是青少年的孩子跑起腿来——从挑选大学，到填写申请，甚至为孩子写起了大学论文。每个父母必须保证他们的孩子进入最好的大学，这种愿望使他们忘记了过度参与型父母是如何毁掉青少年的长远发展的。当父母忙于组织、安排、策划，并为他们的孩子进入大学做准备时，他们正在浇灌着那颗随着时间的流逝已经扎根在孩子心灵中的无助的种子。

这种父母往往一事无成，反而伤害了孩子。不管父母试图说服自己多少次，他们的孩子还是需要帮助，还是不能单独完成工作，就算这样，父母也没有理由为孩子自己应该跑腿的事情忙前忙后。这必须是青少年的责任，像查找各种信息，完成各种申请，填写大学志愿以及撰写学术论文，这些工作绝大多数应该由孩子自己来完成。

虽然很明显，青少年不应该完全自己决定去申请哪所大学（除非他们自己担负所有的费用），他们至少应该调研一下想上的大学，并会见一下大学的招生咨询师。当父母和家里即将迈入大学的孩子一起坐下来填写大学申请的时候，他们正默默地告诉孩子，即使孩子即将踏上一段伟大的旅程，他们仍然不相信孩子自己就可以将其完成。

这种无微不至的照顾导致的结果是，青少年将会挣扎于各种情绪问题。这是可以理解的，现在大学里青少年的抗压能力普遍都比较低，这是因为父母在过去替孩子处理了所有的问题，而现在却不在孩子身边，那么这些孩子以前没有处理过的问题将会在大学爆发。大学生必须自己负责，按时起床，早上 8 点上课，因为妈妈不能一直在身边，并把他从床上拉起来了。当一篇论文到期需要完成并提交的时候，没有旁人再督促他了，因为他成了这件事情唯一的责任人，而在高中时期，父母那种不断地监控孩子考试进度表的方式也不能在大学里继续跟踪了。

现在孩子的日常工作有整理床铺、洗衣服、准备食物以及管理时间，这些技能应该在孩子的成长过程中培养起来。而被微观管理的儿童没有在正确的指导下去熟练掌握日常的生活任务。微观管理型父母更加倾向于截断年轻人的翅膀，而不是让他们学会自由飞翔。因此，我们看到越来越多来自“直升机型家庭”的大学生整体的应对能力不足。

一个关于大学校园里酗酒问题不断增加的研究指出，其问题的根源在于“直升机型父母”，这也许有助于解释为什么大学生中饮酒人数的大幅增长。这些各种应对技能没有得到全面发展的年轻人有可能转向利用饮酒或其他诱导性毒品作为缓解新面临的压力的手段。这些大学里的年轻人在全新的社交环境中迎来了大学课程，而却远离了家庭的舒适，这不仅需要他们独自生存，更被希望能茁壮成长。饮酒对年轻人来说很容易办到，且给了他们一种逃避压力的方法。酗酒在校园里特别常见，因为这可以让选择逃避的年轻人说，“看看我，我可以自己做决定”，但同时饮入大量酒精，会带来很大危险。具有讽刺意味的是，这会使他们感觉自己被控制了，而不是拥有了更多自主权，这种危险的趋势急需逆转。

如果你是一个过度参与型父母，首先应该认识到你对孩子做得太多了，然后开始慢慢退后一步，留给孩子更多的独立空间。先选择在小的场景下开始退后，然后逐步在更大的任务中松手。例如，停止每天帮你的 6 岁孩子系鞋带，因为你松手让孩子做这件事更容易，也更快。花点时间让你的孩子来处理这个小任务吧。紧接着，也许你可以让他取出自己上学时用的衣服和其他用品——没有必要争论他应该穿什么，只要它符合学校着装规范就可以了。如果你的孩子不想穿他的爷爷给他买的鞋子，而是想穿他穿过的运动鞋，不要插手管这事，这不应该是一场战斗。

刚开始，微观管理型父母可能会感到失去控制的挫败感，但是当你的孩子在没有你的帮助下学会了穿衣，做好准备去学校的时候，这种挫败感将很快被满足感代替。直升机型父母的家庭战斗即将结束了，父母的过度参与也将减少了，这会让孩子更好地知道如何做自己每天的日常工作，而这也会使他更快乐。这些是朝着正确方向迈出的重要一步，且最重要的是培养与发展了孩子的决策能力和独立意识。

减少微观管理的其他方法是让你的孩子来完成他自己的家庭作业，而不是由你来拿出书，并放在桌子上开始做家庭作业。当你的孩子向你寻求帮助时，多听少说，抵制住接管他的任务的冲动。你只需要回答他的问题，然后让他自己来完成，不要徘徊着等待下一个问题。如果他没有完成被布置的所有作业，将由他自己向负责检查作业的老师汇报。

父母本能的担心是，如果孩子没有被提示去做作业，他不仅不能完成作业，甚至可能不知道必须首先做什么作业。孩子们非常善于感知这种缺乏的信任感，并将充分利用它，以便从紧张的父母那里得到所需要的帮助。当孩子寻求帮助时，父母要提供他们所要求的指导，然后走开。如果他们要求你做得太多，要意识到这不是你的工作，如果你为他们做，他们永远也学不会。最好是让你的孩子独自组织和完成他的小学学业，因为这将有助于发展他的技能并构建他的“大脑肌肉”。

开始退后并对孩子放手，让孩子承担更多的责任永远不会太迟。要求微观管理型父母更少地担心他们的孩子，这就如同要求他们切断自己的手臂一样。已经形成过度参与焦虑症的父母刚开始将会有一段异常艰难的时间，然后才能回到让他们的孩子自己照顾自己的轨道上来。但重要的是，请牢记，一直没有学会如何走路的孩子，永远不会知道跑步是多么美妙。试图在诸多方面管理孩子生活的父母，基本上都会使他们的孩子精神瘫痪，因为他们的父母会“帮他们处理”，孩子会因此错过许多机会，这些机会本可以帮助他们学习如何应对各种情况以及经营他们自己的生活。让你的孩子在没有你的帮助下做事情，从长远来看，这将有助于他们获得成功和快乐。

# 第3步

# 让孩子感受失败

生活中不可能没有失败，除非你生活得非常小心谨慎，以至于就像你根本就没有生活过一样，在这种情况下你已经自动失败了。

——J. K. 罗琳（J. K. Rowling，《哈利·波特》的作者）

2008 年哈佛毕业典礼上的演讲

★

- 将失败作为与孩子建立大脑联结的手段。
- 学习如何面对失败是一项基本的生活技能。
- 在童年时代播下未来想要获得的成功的种子。

失败的定义是不成功，无法执行或完成的事情。允许孩子失败，这对父母来说可能是完全违反直觉的。考虑到 21 世纪出生的大多数孩子都能获得所有的有利条件，他们似乎更难以接受失败。技术发展如此之快，信息无时无刻不在你的指尖周围，几乎所有主题的视频都可以在便利舒适的家庭环境中被用作学习研究的辅助材料。从备考十年级数学统考到学习如何组装一辆自行车——在这个时代，可以说任何人都可以弄清楚几乎任何事情，甚至还可以练习虚拟运动。

一旦注意到问题就会得到所有的帮助，那么为什么还会有人允许一个孩子遭受失败呢？难道父母不能保证他们的孩子在所参加的每一项任务中都能成功吗？难道不是孩子在幼儿园里第一步成功之后，就可以保证他进入一所好的大学，然后继续有一个美好的职业生涯了吗？再然后，美好的事业就会为他迎来真正的幸福，不是这样吗？

需要回答的问题是：从失败中恢复真的能使我们获得更好的结果，从而最终使我们更成功、更快乐吗？正如凯利·克拉克森（Kelly Clarkson）所唱的——“杀不死你的东西会使你更坚强”，但这似乎并非对所有人都适用。看看对成年人的实验，看看他们在人生的某个时候因不成功而害怕的样子，似乎并非所有人都会在经历失败后仍然坚持下来，直到最后成功。成年人总是需要应对挑战并有可能失败，所以我们可以通过解读不同类型的失败，来感知和认识失败，这可以告诉我们一点关于成年人如何以他们的方式回应失败。

亨利·福特（Henry Ford），福特汽车公司的创始人；比尔·盖茨（Bill Gates），微软的创始人；哈兰·大卫·山德士（Harland David Sanders），肯德基炸鸡的创始人，以及沃尔特·迪士尼（Walt Disney），他们都是一些在历史上最成功的商业人士。他们都有一些共同点：比如他们都有一个可追踪的记录，包括失败，有时多次失败，甚至还多次破产。“哈利·波特”系列图书的作者J. K.罗琳（J. K. Rowling），在一个出版社同意出版她的作品之前，曾将她的第一份手稿寄给了12个不同的出版商！如果她不是在每次被拒绝之后继续坚持下去，她将永远不会体验到她现在取得的难以置信的成功。

这些挫折并没有阻止这些巨人。为什么在他们失败得如此悲惨的时候仍不曾放弃？这个问题的答案是多方面的。他们不是天生想要多么成功，然而，一定有某些基因携带着他们的能力并潜伏在他们基因的某个地方，这些能力一定会在将来的某一天展示出他们的天赋和技能——例如，成为一个娴熟的对数学有研究的学生，一个成功的创意作家，或有着过目不忘的超强记忆力。

但是，一些先天能力的流露和展现只是成功的开始。失败时不放弃，更多的是因为他们拥有通向成功的驱动力，这可以追溯到他们的童年时代。

这些人过去的生活经历塑造了他们的大脑前额叶皮层（质），那里蕴含着渴望获胜的驱动力。我们所有人的大脑都随着经历的变化而变化，并且我们越年轻，变化越大。通过让孩子在生活中经历失败，确实能够构建他们的大脑。大脑就像肌肉——我们越用它，它就越灵活。我们需要让我们的孩子意识到失败并不是失败，而是有机会锻炼他们的大脑肌肉，从而建立起帮助他们成功的神经组织。这提醒他们，失败不在于定义他们是谁，而是帮助塑造他们将成为谁。

心理学研究表明，一个人如何应对失败，不仅取决于设定目标的类型，而且取决于目标背后的动机。例如，对于自我验证的目标（确认个人能力的目标），如果遇到阻力或挫折，将激励个人更努力地工作。举个例子，一个学生申请了研究生项目或医学院校，如果这个学生在一个与自我验证的目标（例如成为一名医生）完全无关的任务上失败，当给予他另外一个机会去让他重新尝试已经失败的任务时，他也不会更努力去尝试以获取成功了。然而，当与自我验证的目标相关时，他就会坚持去实现。因此，不管童年的经历如何，人们在那些与定义自我相关的事情上，似乎还是有坚持目标的需求——成为医生、律师、诗人、建筑师，等等。

回到此观点，为什么父母要让孩子们蹒跚跌倒而不是安安稳稳地过好每一天：我们知道成年人如何处理日常的失败和挫折，与他的个性、个人期望和过去学到的应变能力有关。这三个变量在一定程度上可以互补。

反观现在，我们可以看到过去的是与非。当成年人经历挫折时，他们依靠过去的经验来帮助自己渡过难关。过去的经历是为他们建立了应对挫折的能力，还是彻底动摇了他们的信心，从而导致他们害怕失败呢？害怕失败的人会避免任何无法保证成功的情况出现，这从根本上限制了他们的未来。如果一个人不能冒险探索未知的终点，那这个人就永远没有机会向前迈进，他将精神瘫痪。

过去的失败会使人们更好地应对发生不良结果时的负面情绪吗？童年的记忆影响着我们的日常生活。小学七年级网球比赛的失败感觉可能会像洪水一样重新席卷正在公司垒球队遭受失败的成年人。也可能小学七年级网球比赛的失败记忆是情绪雷达上的一次小小的波动，因为自那时起，网球教练坚持让大家更加努力训练，以保证下一场比赛的胜利。这给人们的生活带来的经验教训是，越努力尝试，越有可能赢得胜利。那么，成年人就不会被在公司参加的垒球比赛中的失败击倒，因为他已经从早先的经历中学到了教训，这正激发他加强训练，以提高在下一场比赛中获胜的可能性。他对失败的反应是，更加努力一点，以改进下一次的结果。

但是，如果小学七年级参加网球比赛的失败感觉是巨大的挫折、悲伤和愤怒呢？如果这种类似的情绪取代了听从教练的话，并且后续也没有更加努力地训练呢？那么，之后他也不会赢得下一场比赛，而只会遭遇更多的失败。这样网球比赛的失败会导致负面情绪的恶性循环，并永久地延续下来。现在，作为成年人，同样的感情挫折和愤怒在公司垒球比赛的失败中又会显现出来。那么，他同样没有努力训练的计划，只有被激怒的感觉浮出水面。这种童年时期的习得性反应方式将继续发挥作用。部分习得性反应是由于他天生的个性，这不允许他采取教练的建议，从而更加努力地付诸实践。现在作为一个成年人，他应该对造成让人失望的任何行动负责，而且应当是在更高程度上的负责。

作为一个成年人，似乎有许多因素影响着我们如何应对挑战和失败。一个人所经历的失败以及他的一些天生的个性特征和后天的人生目标，共同形成了他在未来如何应对挑战的方式。

现在想象一个从未经历过任何挫折或失败的童年。想想在童年时代，每当孩子在苦苦挣扎而可能最终导致的结果也不好时，父母都会猛冲过去帮助他。在公司的垒球比赛中遭受失败的可怜的成年人，也可能在童年从未有机会制定过任何应对策略，不管好的还是坏的！这种失败的情绪可能会造成更严重的后果，并且产生的行为有可能危及成年人的工作。

父母总是本能地想保护和免除孩子任何身体或情绪上的不适。这也是绝大多数父母尽最大的努力要确保的事情。当然，在大多数情况下，这是良好养育方式的第一法则。父母要让孩子远离各种方式带来的身体上的伤害，同时在整个生命历程中通过给予他们无私的爱和情感支持来培养孩子。

不幸的是，父母似乎把这条养育子女的法则发挥到了极致。他们对待孩子非常谨慎，好像这个珍贵而又脆弱的小家伙碰到任何微小的不适都会崩溃一样。如果他没有获得曲棍球比赛的奖杯，或者没有在数学考试中取得 A，仅仅想到这时孩子失望的表情就会痛彻心扉。父母觉得必须保证孩子的每项任务——从学业到创造性的项目和运动，都是成功的，这种趋势必须停止！

过度保护的父母过早地开始“捕捉行为”。“捕捉行为”是指为了确保孩子不会感到不舒服而产生的行为。这种行为可能是以身体的或情感的方式。让我们再回到之前谈到的游乐场上的情景，过度保护的父母总是让孩子在手臂可控的范围内。如果孩子跌倒，父母就伸手来防止孩子跌倒，这是本能的做法。但如果我们谈论的是让他们在沙地、草地，或软塑料草皮上跌倒，这个小小的跌倒可能会导致孩子擦伤膝盖，或者让他流眼泪。但更重要的一点是，蹒跚学步的孩子知道了，当他跌倒的时候他能够重新站起来继续玩。他学会了谚语中的经验："如果你跌倒了，爬起来继续前进"。

父母对这些无伤大雅的跌倒后的反应是非常重要的。大多数孩子在跌倒时表现很好，他们会站起来继续玩。正是父母的反应影响了孩子的反应方式。孩子的跌倒引发了父母的恐惧感，于是父母赶紧冲过去，这继而又引发了孩子的情绪反应，其结果通常导致孩子哭得更凶了，并且，以后每次小的磕磕碰碰都需要父母安慰。当孩子跌倒，并且父母知道这并不会产生真正的伤害时，对孩子最有益的做法是迅速告诉他，"没事，起来继续玩吧"。这会让孩子知道跌倒没有关系，即使它有点疼，但爬起来继续玩是唯一的选择。

孩子们喜欢玩游戏，并且如果父母能和他们一起玩就真是太好了。这对所有参与者来说都是很好的增强情感联系的时间。棋盘类游戏就很有趣。对于年幼的孩子，很喜欢玩的游戏有飞行棋游戏或糖果乐园游戏。在这种类型的游戏里，想获胜往往只能靠运气，而不需要什么策略或知识。父母在和孩子玩游戏时通常都会让孩子赢，这似乎是一个很好的想法。但这只是一个很幼稚的游戏，如果小比利想要赢，他应该感受到获胜的力量。由于父母不忍心看到比利在输掉飞行棋游戏后难过的样子，所以他们会保护孩子不让他感到失望。毕竟，这只是一个很幼稚的棋盘游戏，这样做真的有什么错吗？父母似乎很自然地认为答案是"没有伤害，让他赢吧"。

在现实中，孩子在某些时候只能靠自己赢得胜利，因为这个游戏纯粹是靠运气获胜——你只需要掷骰子。父母没有权力决定谁将获胜，但父母放弃游戏规则只为“保护”孩子的感觉，而不是等着让比利靠他自己获胜，这永远不会让孩子体会到失败的不适。他没有机会弄明白，即使输了比赛，也不会发生什么事。他没有机会去再次尝试，也许会赢得下次的胜利呢？他没有机会体验失望的感觉，没有机会知道他仍然很安全，并且他的父母也一直爱他。他失去了一个学习和体验好多事情的机会，并且只有这些事情才会在现实世界中真正帮助他。

让我们在游乐场上继续我们的故事吧。小比利正在那里和其他孩子一起玩比赛游戏。当比赛刚开始时，他热情极其高涨，但随着比赛的进展，他开始意识到自己正在输掉比赛。由于意识到失败，他开始感到非常气馁，随后带着愤怒的表情和心酸的眼泪，风暴般地离开了游乐场。其他孩子年龄大一点，但从他们看着比利的那迷惑不解的眼睛可以感觉到，他们已经认识到这种行为并不合适。和比利一起玩的同伴，他们是不会“扔”掉比赛，让他赢的。他的父母已经让比利习惯性地赢得比赛，而比利却不知道如何处理自己失败的情绪，更糟糕的是，他第一次在朋友面前出丑。如果比利接受了更好的培养和教育，父母偶尔让他体会一下失败的感觉，他将会在游乐场上与他的朋友度过一段快乐美妙的时光，然后继续在玩第二场比赛的时候找机会补救。

随着学龄儿童的父母对失败的恐惧越来越强烈，保护模式仍将不断持续下去。孩子不仅有学校的事情要应付处理，还有体育和社会生活要参与体验。在很多事情上，过度保护型的父母都猛冲过去保护孩子。父母要确保孩子的每项家庭作业在提交之前都能圆满完成；他们在孩子每次测试之前都仔细盘问孩子；在孩子做学校项目时，他们不仅帮助孩子，而且他们最终替孩子做了项目的大部分工作。当事情进展顺利时，他们仍然在不停地干预。当你的孩子在班级里成绩不及格时你就跑到学校要求老师给更好的成绩，因为你觉得孩子“只要努力”就应该通过考试，这是没有用的。孩子学到的人生经验是，如果我们又哭又闹，响彻云霄，我们就会得到我们想要的，这就像在引导孩子发脾气。当父母觉得有必要保护他们的孩子，使他们免受失败带来的不适时，父母总是这样做。

但父母需要做的是理解，理解这种不适会更有可能引导孩子努力工作，并让他在下一次变得更加聪明灵活。有时失败并不可怕，这是孩子必须学会的人生经验。询问他们，如何才能做到与上一次不同；是什么原因导致了考试不及格，他们需要做什么，不应该做什么；下一次他们如何做来防止这种情况发生；所有这一切都是宝贵的学习经验。

我们大多数人都不喜欢失败的感觉，一定会想办法尽量避免。我们应制定相应的对策来积极地避免失败。比如，可以通过更加努力来提高学习技能，在放学后充分利用额外提供的帮助，或者更好地安排学习时间。给孩子学习这门人生功课的机会吧。如果你总是不放手，孩子对这些人生课程的体验永远不会发生。父母不能也不应该永远在孩子的身边来确保孩子的成功。

当今社会，所有人几乎都聚焦在如何让孩子们觉得自己能够一直不断地赢得胜利上。在学校的锦标赛中，不管参赛的孩子们是赢还是输，学校都给所有人颁发奖杯，所以，每个孩子都可以有获胜的感觉，没有人受到伤害。我们必须扪心自问：这对我们的孩子到底会有什么影响？随着年龄的增长，他们会发现，最终获取胜利的只有一个人或一个团队，并且也只有这样一个人或一个团队才应该拥有奖杯和荣誉。

孩子们需要知道，即使不是一直处在人生巅峰，即使没有一直不断地赢得胜利，也没有多大关系。可能父母天生就相信这一点，但当他看到孩子遇到挣扎和失败，且从孩子自身利益考虑时，却总想去不停地干涉，很难袖手旁观。

所以不要再去经常干预孩子了，我们应该让孩子走他们自己的路，并继续鼓励孩子去不断参与、不断实践、努力工作。事实上，这些特征都会让你的孩子在生活中获得成功。

如果你提醒自己，从未经历失败的孩子会失去一些深刻的人生感悟，这种方法就相对容易做到了。在孩子摔倒前总是想扶住孩子的想法，不会让他们明白如何应对失败，如何促使自己更加努力地工作，或者如何感到谦卑。这些生活感悟有助于孩子成为一个更高效、更快乐和更善解人意的成年人。底线是让孩子在失败中吸取更多的教训，这会教会他如何成功，然后让他不断地去赢得胜利。

## 第 4 步

# 做孩子的教练

“妈妈”是一个动词，它表示妈妈的职责，而不仅仅指你是谁。

——谢丽尔·莱西·多诺万（Cheryl Lacey Donovan）

《妈妈的神圣职责》(*The Ministry of Motherhood*)

★

- 只要求一次——如果你不断重复地要求孩子完成某件事情，你的声音就会被孩子忽略。
- 要建立行为的边界和预期。
- 当你说“不可以”时，你应该坚持你的决定。
- 避免“全能父母综合征”。

今天的父母总是非常担心自己的一举一动，担心如果哪一点做得不对，就会对孩子造成长期潜在的心理伤害。当父母因为18个月大的宝宝夜里闹腾着不睡觉而寻求帮助时，医生给出的建议则是让孩子“哭上几晚”，此时，父母却担心这会对孩子造成持久的心理伤害，所以拒绝采纳建议。

尽管在现实中，婴儿生活在一个充满爱意、舒适和安全的环境中，但父母依然过度担心自己会给孩子造成极大的不安和痛苦，进而可能导致孩子将来会产生被遗弃的感觉。父母不可能任由孩子大哭，所以，父母觉得按照自己的计划会更保险一些。于是他们每天晚上都摇着孩子入睡，整个晚上起床好多次，摇着醒来的孩子继续进入梦乡。父母多么想放弃对一个18个月大的孩子如此的呵护，但良心上又怎么能过得去呢？

想想我们是否培养了这样一代孩子，当别人说“不可以”的时候，他们根本不会处理，而且未来也将不会处理。为什么父母要把控制权交给孩子？在最近的一次民意调查中，大约80%的父母认为他们的孩子被宠坏了。这显然说明了在育儿方面，家长运用更多的都是无效的方法。这确实让人很难接受，觉得自己已经在竭尽全力培养孩子的父母，总有一天会仰天长啸：“我到底哪里做错了啊？”

至少人们已经认识到，孩子在成长过程中确实会产生各种意想不到的事情。毕竟，孩子是他们周围环境的产物。很明显，如果父母没有为孩子成长提供适当的环境，我们不能责怪孩子，这个责任必须由父母承担。

在当今社会的育儿环境中，“溺爱”孩子的现象为什么会变得如此普遍？到底是什么原因导致的呢？是什么原因导致了良好的育儿方式变成了“无论你想要什么样的爱，我都会给你”呢？

也许，父母们起初的想法是想以一种轻松柔和的方式来抚养孩子，正如斯波克博士在20世纪40年代末建议我们的那样。他建议父母要“相信自己”，并希望父母摆脱严格的规则限制。他建议父母要适当地对孩子表达自己的情感，而不是采纳错误的建议：对孩子表达自己的情感会使孩子变得“软弱”。他敦促父母要多拥抱自己的孩子，并告诉孩子他们是“值得被爱的、独一无二的”。他建议父母要允许孩子表达自己，并敦促父母远离棍棒教育。并且，他建议父母使用合适的口头技巧来管教孩子（因为打孩子总归是一个坏主意）。

斯波克博士的育儿思想在他的那个时代是超前的。他有关“父母知道什么是最好的”的想法以及“相信你的直觉”的建议是富有洞察力的。这些年来，他的原著内容发生了一些变化，但基本的主旨却没有改变。然而，很可能是因为钟摆在父母育儿的方向上偏离得太远了，从而使得他们养育孩子的方式对孩子的情感造成了巨大的影响。父母们已经跨越了仁慈规则制定者的界限，这个界限就是在爱护孩子的同时也要让孩子严格地遵守纪律。所以，现在的父母都会过度担心孩子会受到任何的伤害，例如，当小布莱克因为生日聚会没有大量的气球来装饰而感到失望时，父母就会担心这会对其造成伤害。

当今父母的过度担忧似乎已经达到了顶峰，他们觉得给孩子太多的要求可能会引起孩子情绪上的压力和焦虑。小布莱克的爸爸就是这样一位忧心忡忡的家长，他的担忧引发了全家人的担忧，他们担忧自己成不了孩子世界中的全能父母，这种做法使得养育孩子的良好意识彻底崩溃。我称之为“全能父母综合征”。

当父母长期处于一种担忧和焦虑的状态时，就会产生这种症状，他们总是觉得在养育孩子的过程中所做的任何纪律约束都会对孩子产生永久的负面影响。所以，养育一个有纪律约束的孩子几乎是不可能完成的任务。想象一下父母的担忧，当年轻父母对孩子说“不可以”时，不自觉地会担心，这样真的会击垮孩子的独立性，并使得他们的自我意识枯萎甚至消亡！父母在这种焦虑的状况下，怎么可能去养育孩子呢？现在是时候走向新的轨道了。

那么，做孩子的教练意味着什么呢？它意味着给孩子设置约束的规则，划定约束的边界，意味着要告诉他们“不可以”，并且是真正意义上的“不可以”，而不是“也许”或者“让我考虑一下”，或者“如果你继续坚持下去，我会改变我的想法”。只有在一些非常罕见的场合，你才应该屈服于这种行为。因为你的孩子一旦开始哼哼唧唧地发牢骚，你就改变了主意，并向这种让你精疲力尽的行为投降。那么你就强化了孩子“如果我反对或者抱怨，我就能得到我想要的”的这种行为，这将与我们想要划定约束的边界和所期望的效果相差甚远。

通常情况下，给孩子想要什么东西要容易得多，尤其是在父母工作劳累了一整天，感觉身心疲惫的时候。父母最不愿意孩子哭闹，以及因为不让他们为所欲为而发脾气。这时候向孩子屈服相对更容易些。对父母来说，这是非常短视的一种行为，这样只会强化孩子哭闹和发脾气的行为，因为孩子已经学会了通过操纵你来得到他所想要的东西。所以对于这种短视的行为，父母真是担负不起啊，这不仅仅是为了自己，更是为了孩子。

边界是不可跨越的纪律红线，这是一套必须遵循的规则。设置边界类似于为孩子们建立一个游乐场地，他们知道在哪里可以玩，以及在哪里就会超出边界。实际上，被设定边界的孩子会更有安全感，他们知道应该期待什么。他们能够确切地知道自己能做什么，不能做什么，这比他们不知道自己被期望做什么感觉更安全、更舒适。而能够为所欲为对孩子来说并不是一种好的感觉。孩子的茁壮成长需要边界、限制和规则。在这些约束和规则中长大的孩子比没有约束和规则的孩子要更理智和健康。

提供规则和限制的家庭培养的孩子发生出格或者叛逆行为的可能性要小很多。没有明确规则和限制的孩子更容易发生冒险的行为，更难与朋友相处，更难遵守秩序。因为他们总是习惯于立即满足自己的需求。因此，当和其他孩子在一起玩的时候，他们也不想静静等待和礼让他人。他们的这些行为仅仅是他们内在无组织无约束的表现而已。

为婴儿设置规则，可能是最容易也最困难的工作了。父母一方面有能力完全控制婴儿，但另一方面要么过于担心，要么过于情绪化，所以很难建立一套良好的指导规则。父母设置规则时的困难主要来自两个方面：一方面他们担心设置规则会对婴儿产生持久的破坏性影响，另一方面他们也希望充分满足婴儿基本的内在需求。

在我的实际工作中，当谈到婴儿时，大家讨论最多的话题还是关于婴儿的睡眠问题。为婴儿的睡眠设置规则，会让每个人的生活都好过很多。在婴儿睡觉时，不提供诸如奶嘴、奶瓶、音乐盒、你唱的摇篮曲，或轻轻摇晃等任何辅助他们睡眠的帮助，是你需要给孩子设置的第一个规则。

当正值睡眠时间而婴儿一直醒着的时候，应该把他放进婴儿床。这是婴儿日常睡眠的一个重要组成部分，这样可以使婴儿培养自己的放松机制。日常的睡前洗澡、阅读和安静的时间，是把婴儿放进婴儿床度过美好夜晚的一个美妙的前奏。这种训练越早开始，婴儿就越容易进入睡眠。

如果父母没有为婴儿的睡眠习惯设置规则，并且孩子的作息习惯也正好不在夜间睡眠，这种睡眠习惯仍然可以被调整过来。大家可以按照如下的指导说明，在婴儿清醒时先将他放入婴儿床，然后父母可以定期给婴儿一个微笑和一句鼓励的话语："妈妈在这里，但这是晚上的睡眠时间了。"在父母不断地返回到婴儿房间之前，让婴儿等待越来越长的时间，这会让婴儿学会自我安慰。如果我们不让他哭一会儿，他将永远不会有机会学会自己入睡。

父母会经常说："你不明白，医生，我的宝宝哭起来很厉害，永远停不下来，他能哭一整夜。不可能让他一直哭下去啊。"或者说"你说的方法对我的宝宝没有用。他就是在不停地哭泣。"当被要求提供一些更详细的关于夜里发生事情的细节时，父母通常承认他们不能让孩子每次哭泣超过 20 分钟，父母最终会摇晃着孩子入睡，或者把孩子带到父母的床上入睡。尽管许多父母是既聪明又理性的人，他们仍然认为自己的孩子很特别，如果晚上睡觉时为孩子设立规则，孩子将无法茁壮成长。

类似的规则也适用于早上起床。父母的职责是决定白天从什么时候开始，以及什么时候把婴儿从婴儿床上抱出来。如果你每天早上 7 点起床，这时候孩子就应该离开婴儿床。如果婴儿在早上 5 点起床，你要让他知道还没到起床的时间（这适用于年龄较大的婴儿，因为他们可以睡眠 12 个小时不需要喂食）。

这并不刻薄，而且孩子也不会有被遗弃的感觉。如果孩子是在一个充满爱心、富有关怀的家庭里长大，那么设定睡眠规则将会对整个家庭有益无害。如果孩子早早醒来，他可以在婴儿床上玩耍、打滚、唱歌，或者自言自语，但因为现在还不是起床时间，孩子不应该被带出婴儿床。当孩子还小的时候，这一点是更容易做到的。当孩子长大到妙语连珠、巧舌如簧，甚至还会讨价还价时并且整个晚上呼喊了你四五次，告诉你“妈妈我需要你，妈妈我要喝水”，父母就不能这么做了。这就需要父母重新设定规则并坚持执行（当然是在婴儿健康的前提下）。

一旦婴儿长成幼儿，他们将开始通过触摸和尝试操纵周围的一切东西来探索未知的环境。一些幼儿虽然仍在用嘴探索，来帮助他们了解周围的世界，然而他们通过身体和智力探索周围世界的能力已经开始发育了。他们即时需求的满足感在幼儿阶段达到了顶峰：

他们看到什么东西，就立即想要得到它。这时候，当幼儿想把手放在热炉上时，父母必须立即告诉他们，“不可以，那个很烫！你会被烫伤的”，从而避免他们的身体受伤害。和孩子在公园一起散步时，小孩想要捡起鸭粪，你必须立即告诉他，“不可以，那个太脏了”，或者你也可以谨慎地领着他离开水边，并温柔地提醒他，“这里很危险”。这些类型的规则设置，可以让他们懂得什么是安全的，并且大多数父母设置这些规则都没有问题。父母需要给幼儿快速地准备好安全的游乐场地：避免他们接触易烫伤的火炉和危险的电源插座，不要踩在狗身上，不要吃脏东西，等等。

为那些不涉及安全问题的其他事情设置规则将是一个比较大的挑战。对孩子说“不可以”，往往会引起一连串的眼泪、生气和悲伤的表情，这时父母可能会因孩子委屈而屈服于孩子。在幼儿时期，父母一定要坚守规则，牢固的边界限制确实非常重要。当你放开孩子的时候，你会惊奇地发现，你的小宝贝只喜爱遵守规则的事情。当你告诉他“现在是清理场地的时候了”，他可能不太喜欢，但当你赞美这种清理行为的时候，孩子很快就会为自己感到开心满意，并为执行大人的指令而感到高兴。他们很喜欢听大人说：“宝宝真听话，努力把你的玩具收好，做得真棒！”

爸爸妈妈可能会感觉他们整天都在阻止孩子不准做这不准做那，“噢，亲爱的，不要碰那个东西”，或者“不行，你不能看电视”。这可能会变成无休止的刺耳的声音，“不可以，不可以，不可以”。也可能会让孩子感到非常沮丧，因为他们听到的到处都是约束和限制。

其实在建立规则时，我们完全可以使用一些更加积极正面的方式，这样可以使事情变得更加可接受。也就是说，可以使用肯定的话语表示否定的意思。

比如，一家人正坐在一起吃晚餐，孩子坚持要去外面打球，大人可以说，“是的！我们可以去打球，但先让我们坐下来吃完饭再去玩吧”；又或者孩子想在夏天穿冬天的外套，大人可以说，“是的，我们可以在外面比较冷的时候穿上这件外套，但是今天我们要穿这件衣服”。这对父母来说应该就没那么困难了，因为改为积极正面的方式往往比较容易让孩子接受。这让孩子觉得他们好像得到了想要的东西，即使面对的是“不可以”的回答。如果这种方式偶尔不奏效，导致孩子发脾气，那么重要的是仍然坚持你的回答，并在另一个场合尝试这种积极正面的方式。

父母养育幼儿时，还有一个普遍的问题就是如何让他们以健康的方式吃饭。令人惊讶的是，很多幼儿想吃什么就吃什么。常听到父母抱怨：“我儿子除了吃炸鸡块、苹果和奶酪，其他什么都不吃，他拒绝吃其他任何东西！”这不足为怪，这个问题的解决方法很简单，停止给他提供鸡块、苹果和奶酪！在这个世界上，没有哪个幼儿能够进入一辆汽车，并开车到某处的麦当劳或肯德基买些鸡块回来。父母应该负责给孩子提供适合他的健康食物。

让一个 28 个月大的孩子自己决定吃什么食物，为什么父母会觉得理所当然呢？父母对于孩子吃饭应该遵循的最重要的一条原则是，父母应该牢记必须提供可选择的食物，然后由孩子选择他们想要的食物，并由他们自己决定想要吃多少。

永远不要让食物成为争执的焦点，也永远不要强迫你的孩子吃完食物。选择各种健康的食材，为全家人只做一顿自认为可口的晚餐。你不是一个全职厨师，不需要承诺为每个孩子基于他们的口味提供各自的饭菜。你做好晚餐，如果孩子不喜欢吃你做的晚餐，那他们就不需要吃了。如果孩子不吃提供的食物，这没任何关系。父母担心如果自己不提供孩子想吃的通心粉和奶酪，孩子便会饿着肚子上床睡觉。其实，如果可以获得食物，一个健康的孩子永远不会自愿挨饿的，所以父母只需为孩子提供健康的食物供其选择即可，这样父母就可以得心应手地教导孩子了。

这里还要提醒大家的是，不要在家里放置垃圾食品，这样垃圾食品就不会成为家庭争执的诱因。例如，你30个月大的儿子拒绝吃你做的鲑鱼和甘蓝片晚餐，但却看到在柜子上有巧克力曲奇饼干，一场真正的战斗即将打响了。巧克力曲奇饼干之类的食品不应该成为家里可供选择的食物。家里只应该放置健康食品，所以如果孩子拒绝吃你做的晚餐，并且饿得又哭又闹，你可以提供一些其他现成的替代食品，如切碎的蔬菜。这不需要任何工作，却是不错的替代食品，不需要为孩子再做一顿饭。

父母需要退后一步，不用担心孩子可能会挨饿。如果孩子开始又哭又闹，吵闹着说“我晚餐要吃鸡块，我不吃这个”，这没关系。这时候如果你控制好情绪，保持冷静，孩子将会接受你所提供的食物。在选择食物时少一点担心，并做一些限制，长期来讲，对做好父母大有裨益。

学前儿童对父母作为教练的角色提出了更多的挑战，因为他们的语言能力突飞猛进，父母做的每一个决定都可能遭遇讨价还价。当孩子与其他孩子在一起玩耍时，他们必须学会延迟自己欲望的即时满足感。这个时候的边界规则必须非常清晰。如果兰迪想要安妮的棒棒糖，就直接从安妮手里抢过来，这是不行的。学前儿童必须了解其他人的物权边界，而幼儿园里的边界设置给了孩子一个终极考验。这种边界设置其实应该从家里开始，你的孩子拿走其他小孩的玩具来玩是不可接受的，除非是被明确地许可的。如果在家里边界设置得很清楚，孩子很容易就能适应幼儿园的这种边界设置。

父母也要开始在可接受的语言上设置规范，告诉孩子如何使用诸如“谢谢你”和“不客气”这些令人愉快的话语。让孩子知道什么样的行为对父母和他人是可以接受的，这有助于孩子树立积极的人生观。父母可以用微笑和赞美孩子具体的行动来鼓励孩子好的行为，比如“我喜欢你说那些美好动听的话语”。不要告诉孩子他或者她很“坏”，因为你也不想不断地给孩子设置负面的引导，这有可能真的会导致预言成真，即你说他很“坏”，他真的可能成为很“坏”的孩子。父母要传达给孩子，这种行为是“坏”的，而孩子不是坏孩子。

作为教练并不一定总对孩子说，“不可以，不要这样做”。但可以对孩子说，“改成这样做”，这样的说法同样有效。父母最好告诉学前儿童应该做什么，而不是当孩子触碰到边界时，告诉孩子不要做什么。例如，如果鲍比反复拉住猫的尾巴，父母应该上前一步靠近孩子，用一种平静的语气说：“鲍比，宠物猫阿福是我们的好朋友，看得出来你真的很喜欢它！”但如果父母的反应很强烈：“鲍比，不可以！不要这样对我们的宠物猫阿福！”父母这样立即大声的训斥，反而使孩子从父母那里得到负面的响应结果。再比如鲍比坚持乱扔他的积木，你可以轻轻地告诉他：“我们用积木来建造有趣的东西，鲍比，一起来建一座城堡怎么样？”对父母来说，改为积极正向的态度和安静平和的方式始终是设置约束规则的更好途径。

如果孩子不理睬父母这种积极正向的教导方式，并坚持要突破规则的限制，父母这时就需要让孩子对这种行为立即承担后果。这可能包括暂停活动（应该根据孩子的年龄决定暂停多少分钟）、拿走玩具，或者让孩子离开活动区域。孩子越早知道爸爸妈妈对他们说的话意味着什么，并愿意去遵守已经建立的约束规则，每个人也就会变得越幸福越快乐。

这里对父母有个提醒：当你不小心把孩子放在了任其掌控的位置时，你就会让自己处在一个尴尬的不利境地，切勿犯类似的错误。父母可能不经意地给了孩子控制和反抗自己的机会。父母在请求孩子做如下类似的事情时，就会犯类似的错误，比如父母说，“拥抱一下菲比阿姨，告诉她你爱她”，或者“亲一下奶奶”。在这些事情上强求孩子，可能会遭到孩子直截了当的拒绝。当发生这样的事情时，父母能做的事情很少，所以，如果孩子不愿意做，你不能强迫孩子去给某人一个拥抱，和某人击掌祝贺，或者让他们说出“我爱你”，这样会将自己置于尴尬的境地。

经常发生的事情是，孩子不愿意遵循父母的意愿，从而拒绝父母的一些请求。因为不和某人亲吻和拥抱是孩子的特权。在这种情况下，孩子无视你的请求不应该受到惩罚。然而，此时孩子领会的意思是，他们可以不计后果地拒绝父母的要求。对于这种情况，更巧妙的方法是询问孩子，“你愿意给菲比阿姨一个吻吗”？或者“你喜欢给奶奶一个吻吗”？这样比较容易被孩子接受，你也不会把控制权交给孩子，因为你只是去询问孩子的意见，而不是给孩子下命令。对这个问题，孩子只需要回答是或者不是。这样就不至于把孩子放到违背父母要求的层面上。然后孩子可以做出自己的决定，从而不必被放到掌控权力的位置，也不必违背父母。

当你养育孩子的时候，就会感觉时间飞速流逝，一晃孩子就上小学了。一旦孩子进了学校，各种约束、规则、限制就会成倍地急速增加，但我们真心希望孩子的规则意识从小就被建立起来了。对学龄儿童的期待包括自主起床上学、遵守学校的规章制度、做家务、尊重成年人和同龄人等。

家庭中设置的规则限制始终应该坚持，必须限制孩子看电视、玩电脑以及玩视频游戏的时间。孩子需要设置固定的时间起床并准备上学，还应该在固定的时间上床睡觉。如果孩子在某些方面越界，父母就需要适当地督促孩子，并通过有效的、表示尊重的方式与孩子沟通，来让孩子遵守规则。

一般来说，规则都有很强的针对性，但是如果父母不去督促孩子，这些规则就很难维持。学龄儿童都会持续地尝试突破各种约束和规则的限制，特别是当他们感觉到父母有任何一点犹豫的时候。所以，要持续地督促孩子遵守规则，不要退缩，不管孩子多么想突破规则。如果让孩子看到父母的弱点，他们将获得控制权，这会使得父母的工作更加困难。

告诉你9岁的女儿去刷牙，禁止她晚上玩电子游戏，因为第二天还要上学，这就意味着她必须按照你的要求去做。如果你规定了每晚的睡觉时间，就要让她知道这个时间，不应该让她对这个要求感到惊讶。一个常见的问题是，第一次孩子不听话，父母需要再次提醒她，甚至会提醒三四次，这时父母真是烦透了，开始彻底控制不住自己，然后加重语气，提高嗓门。有时候提高嗓门也不会有效，孩子还是没反应。孩子可能会停止玩视频游戏，可是刷完牙又去看电视了，就是不去睡觉。因为孩子已经遵守了父母一半的要求，所以他们觉得自己玩更多的东西是理所应当的。

不能控制自己的孩子，在失控之后大喊大叫的感觉一点也不愉快。不幸的是，这种情况太普遍了。孩子们必须被告知多次，才给予回应，大多基本上都是对父母说的话充耳不闻，可能是因为没有让他们感受到不听从父母要求的后果。当父母向孩子提出请求时，尤其是当孩子正在忙于某一项活动时，要确保孩子能够听到你说的话。你可以这样说，“卡丽莎，看我一秒钟”。你在请求孩子之前，确保和孩子有眼神的接触，这样就不会听到下面的回应：“妈妈，我没有听到你说的话”。

通过眼神的接触，父母可以确保孩子能够听到你说的话，或至少意识到你想与他们沟通。如果孩子对你的请求没有反应，立即心平气和地告诉孩子的行为所产生的后果是非常合理的，“卡丽莎，五分钟之前我让你停止玩视频游戏，去刷牙，然后上床睡觉，但你不听，现在请你马上去睡觉”。这时你的机会非常好，她很可能会找理由说她为什么不听你的话，“妈妈，现在睡觉太早了”，或者“妈妈，我没听见你说的话”，或者“妈妈，求你让我再多玩一会儿吧，我做完了所有的作业，而且我也是一个很棒的学生，好妈妈，我应该再多玩一会”！

无论她嘴里蹦出任何潜在的理由，都不要偏离问题。因为当你问她的时候，她没有回应你。而这是设定的规则，必须遵守。孩子相信他们有一个更大的自由，就是可以忽略妈妈或爸爸的要求，因为他们觉得爸爸妈妈其实也没有什么权利限制他们。所以，要当好孩子的教练！

充满爱心和同情心的父母能够制定孩子遵守的规则，并静静地同时却又坚定地督促孩子遵守，这对孩子来说是多么有益的事情。如果在任何时候每个人都知道他该期望什么，那么他就不会感到有任何惊讶。如果每天晚上按照常规卡莉莎都会被父母告知停止玩视频游戏许多次，最后还是由爸爸关闭了视频游戏，那么，如果有一天晚上，爸爸开始对她大喊大叫，“赶紧关掉游戏睡觉”，这就会有些不太合情理。

如果父母引导的方法不正确，我们并不能指望孩子会遵守指定的规则。在这个场景中，一旦父母意识到没有得到孩子的响应，就需要立即告诉孩子行为的后果。“既然你没有按照我第一次的要求去做，我明天就要取消你的电子游戏时间，这样明天晚上你就更容易上床睡觉了。”当父母对孩子提出请求时，必须想好在孩子不响应请求时产生的适当后果，以确保下一次向孩子提出请求时，孩子会响应。换句话说，后果必须是有意义的。如果后果是“下周你将不能睡在奶奶家”，但你明明知道孩子并没有在奶奶家睡觉的强烈需求，那么你设置的这种后果将是无效的。

父母可能使用这种无效的后果，因为这种后果更容易处理，且出现哭泣和歇斯底里情绪的可能性较小。但如果父母使用无效的后果，就不要期望看到有效的结果。所以，后果必须有意义，且能够引起孩子的情绪反应。再次提醒，父母一定要保持冷静，并始终掌握控制权，特别是当父母告诉孩子不遵守规则的后果时。如果父母感到异常的愤怒，那么你应当等待 5 ~ 10 分钟，冷静下来之后，再用平静的态度告诉孩子所产生的后果。

一则古老的谚语说得好——“有选择地战斗”，是对父母如何教育学龄期孩子的忠告，但这并不意味着父母在已经设置好的规则上做出妥协和让步。一些规则适用于到学校上学、在家做家务、尊重他人、保持健康和观看节目的时间，这些规则应该在一定的地点和范围内设置。其他一些不重要也不是那么紧迫的事情，都可以与孩子谈论后一起制定规则。

可能会出现这样一件小事，例如，你的女儿回家想要染头发，因为她说“所有的女孩都在染发”。关于这件事情，父母可能还没有建立基本的规则，所以可能要在一定程度上允许，但也要留有回旋的余地。和孩子谈论她改变头发颜色的愿望是合情合理的，但这只是个暂时的改变。你可以给孩子机会，让孩子说明为什么应该允许她染发。作为父母，你必须让孩子领会到，你愿意倾听她的愿望，但最终这是你的决定，她必须遵守。

一旦父母考虑清了这件事并做出了决定，就不要再妥协让步了。就是这样。不管孩子怎样哄你、求你、讨好你，都不应该改变你的想法。给孩子说出自己想法的机会，然后再花足够的时间为特殊的要求和情况做出决定，是非常合理的做法。

其他小事可能还涉及，父母会因为孩子们穿奇装异服而苦恼。一个例子是 9 岁的男孩彼得，坚持穿同样的两三件衣服。爸爸被儿子的这种行为气得焦躁不安，因为他只喜欢穿运动裤和高尔夫球衫上学，而爸爸更喜欢让他穿一件拉链裤子和纽扣衬衫上学，特别是因为他有一个装满漂亮衣服的壁橱。每天父亲都拒绝让他的儿子穿运动裤去上学，尽管穿运动裤也不违反学校的着装标准。这使得彼得非常不满，因为学校里其他的孩子都穿着运动裤和高尔夫球衫。彼得因此变得愤怒沮丧，因为他的几个朋友评论他的穿着跟大家都不一样。

这对父母是一个很重要的提醒：穿衣只是一件小事情，只要穿着干净得体，孩子不应该受到父母控制。父母只需强调穿着干净得体是必须遵守的规则就可以了。这些舒适的衣服没有必要成为父母和孩子之间争论的来源，因为这不是一件重要的事情。所以要坚持要事第一，尤其是当孩子渐渐长大的时候。父母没有理由和孩子争论一些不重要的话题，比如你的儿子想要怎么坚持他的穿衣风格，或者你的女儿想怎么装扮她的头发。因为这些都是安全的，没有任何威胁的方式，孩子使用这种方式和他们的同龄人打成一片。孩子都喜欢适应社会发展趋势，紧跟时尚潮流，只要他们是安全的，父母至少应该以开放的心态和他们谈论这些事情。尝试着回想一下，当你还是个孩子的时候，留一个时髦的发型对你来说是多么重要啊！

随着孩子慢慢步入青少年，社交将走进孩子生活的前台。孩子期望的社交行为在一定程度上应该得到鼓励，孩子的世界围绕着他们的朋友展开，他们非常关心朋友如何看待他们。他们想融入朋友圈，甚至认为和朋友的亲近程度超过了自己的父母。在这个成长阶段，朋友给孩子的建议比父母的建议权重更大，因为青春期的孩子已经开始觉得，和自己学到的海量知识相比较，父母了解的实在是太少了。毕竟，他们才是在学校一直学习的人。

这个阶段是孩子突破边界和规则限制更为激烈的时候，相应地，作为父母的控制力也变得越来越重要。父母要保持冷静，不要发脾气，不要让沮丧挫败的感觉影响你的情绪。一旦你失控，并开始对孩子大喊大叫时，其实你已经给了你那处于青春期的孩子反抗的力量。你已经让他们摸到了你的“热键”，因为他现在知道如何让你心烦意乱。这可能是一个危险的信号！

青春期的孩子会花越来越多的时间外出参加课外活动，参加各种俱乐部和各种体育活动，在外面待的时间比在家里的时间更多。当他们开始朝着更独立的方向发展时，他们会因为到底需不需要父母，产生一些内心的挣扎和斗争。此时如果没有奠定正确的规则基础，可能会产生或多或少的不和谐。

如果你是父母，告诉你处于青春期的孩子，“在去你的朋友家之前，先打扫完你的房间”，然后就让他脱钩了，而没有告诉他们不打扫房间要承担什么后果。那么，你制定的规则就一定会被动摇。如果没有设置清晰的边界，青少年可以不受限制地自由翱翔，那么他们将会不断突破边界。每个青少年都是一个破坏规则的高手，所以在这个时期最重要的是划定合适的规则边界。

如果在青春期没有边界和规则的继续约束，那么孩子在婴儿期和幼儿期所建立的友好礼貌的沟通方式，会在青春期被孩子早早地破坏掉，所以，父母和青春期的孩子之间保持必要的相互尊重和共同遵守规则是必不可少的。青少年通常认为他们可能比父母懂得更多，但这并不能成为孩子不尊重父母的理由。因此，你希望处于青春期的孩子如何与你交谈，你就要给孩子划定一个清晰的边界。

例如，15 岁的孩子莱利在足球比赛后带朋友回家。他们在厨房里寻找食物，因为他们打完一场十分辛苦的比赛之后特别饿了。他对妈妈说："嗨，妈妈，有什么吃的吗？"厨房里存放了各种各样的食物，妈妈回答："莱利，看看冰箱，想吃什么拿什么。"莱利回答说："妈妈，到底怎么啦，你就不能给我们做点饭吗？我的朋友在这儿，我不想浪费时间做饭。"

在这个情景下，许多父母都会继续以这种方式回答："莱利，我检查过了，发现你有两只手啊，所以即使你有朋友来了你也能自己做啊。""我的天呐，妈妈，你在开玩笑吗？你就不能给我们做些烤奶酪三明治之类的食物吗？"这样矛盾就出来了，莱利突破了边界限制，正通过抱怨等不尊重的方式来对待自己的妈妈。虽然抱怨不算是青少年养成的最糟糕的习惯，但是在这方面也应该有一些规则限制。虽然很难阻止青少年使用抱怨和辱骂的语言，但是父母至少应该做到不要让孩子辱骂你。

必须要求孩子尊重妈妈和其他家庭成员，这是件不需要协商的事情。当孩子出现粗鲁等不良行为的时候，必须承担其后果，而且，后果应该紧随不良行为。如果青少年产生明显的冒犯家人的不良行为，让父母感到特别不舒服，而父母没有立刻谴责他，他就不会认识到将来不能再冒犯他人，并认为这样做是“安全合理的”。在他的朋友跟前指出他的这种冒犯行为是一种非对抗的形式。这或许会让他感到不舒服——但这恰恰正是你应该做的，因为他不想在朋友面前被谴责，并且也将认识到自己已经踏出了边界。

在宵禁、饮酒、吸毒以及驾驶方面设定边界限制也极其重要，需要父母清楚地加以说明。这一点很重要，父母在这些事情上绝对不能模糊不清、优柔寡断！青春期孩子天然的好奇心以及社会交往范围的不断扩大，会促使他们对酒精和毒品产生兴趣。如果到这个时候你还没有为你的孩子设置规则限制，那么你就必须强制性地设置规则限制了。这关乎孩子的生命安危。如果你在晚上 10 点设置宵禁，而你的孩子在晚上 11 点回家，就需要给予他适当的惩罚。父母仅仅表现出非常生气或对他们大喊大叫是不够的。有些时候这种情况可能不是青少年所能掌控的，例如，父母接孩子接晚了。在这种情况下，可以给孩子适当的补偿。否则，如果他们不遵守规则，就必须受到处罚。

青少年饮酒和吸毒是一个巨大的问题。父母要对于什么是可以接受的，什么是不可以接受的，必须有清楚的界限。这条界限不能模糊不清，此时孩子们比其他任何时候都需要一个强大的父母，因为他们不能独自挣扎，否则很有可能会发生灾难。具有强烈的方向感是青少年所需要的，即使他当时很排斥你的管束，将来也会感谢你。

尽量不要进入一个让你的同情心代替了理智的模式。当你的孩子受到惩罚，你由此而感到失望难过时，这种情况可能就会发生。这是一个经常发生的情况，可能会导致你不自觉地放松对规则和边界的要求，这实在没有必要。比如，你16岁的女儿玛格丽特在她的朋友家第二次喝醉酒后回到家里，她第一次在这个朋友家喝醉酒回到家时，你只给予她口头警告，重申了对未成年人饮酒的限制。但不幸的是，这一次她在夜间酗酒时间更长，然后第二天又睡了一天。

作为父母，你过度担心酗酒的女儿，并在第二天发现她没事之后才松了一口气。在此过程中，你经历了情绪的跌宕起伏：她不遵守规则，喝过量酒精时你会极其愤怒；她因此生病时你会过度担心；最终她情况好转时你才会放松。现在正是给她惩罚的时候，因为她已经被告知不能饮酒，却明知故犯。作为父母，你应该让女儿对这件事情的后果引起足够的重视，所以你应该决定以后不再允许她去这个朋友家。毕竟，这是她第二次接触大量的酒精。

如果将要来临的一个聚会，正好是在同一个朋友家举行的一个巨大的生日聚会，但是由于之前女儿在这个朋友家酗酒，你给出的规定是禁止她去这个朋友家。你的女儿为此很难过，一个人坐在房间里生气，因为她说："有一半的高中同学都会去参加聚会，而我却不能去。"大多数父母都会觉得女儿很痛苦，但是如果你已经做出决定并设置了明确的规则，妥协退让并不是一个好主意，尽管坚持规则很难。玛格丽特将会被禁止去参加生日聚会，并且她将领会到，父母是规则制定者，如果她不遵守规则，就会受到惩罚。如果父母对孩子的痛苦过于同情，又因为担心他们的女儿受苦而妥协退让，那么之前设定的规则就会变得无效。下一次，他们的女儿想要摆脱不良行为产生的后果，她只需要表现得难过和生气就可以了。

如果在儿科医生的诊室里待一天，你就可以非常生动地了解儿童生活的全貌。拿我在办公室度过的典型的一天来说吧。第一个来访者是一个 4 岁的孩子，名叫科尔顿，他在妈妈的陪同下过来看皮疹。科尔顿是一个健谈的并有着可爱蓝眼睛的男孩，他坐在检查工作台上，他的妈妈坐在工作台旁边的椅子上。当医生走进来时，他并没有跳下桌子，也没有立即哭着叫妈妈——到目前为止，这是好的迹象，因为他有信心或者至少能够控制他在医生办公室里的恐惧。也许这是他的天性，也许是父母在家里对科尔顿做了一些行为规范的约束，教导他如何行事。在检查期间，他都非常配合。他会不加犹豫地回应医生的命令，比如张开嘴巴。他真是个讨人喜欢的孩子，即使面对着可怕的医生，他表现得也很平静。总而言之，这是一个很好的访问者，直到医生询问科尔顿是否应该接种流感疫苗时。

流感季节即将来临，医生建议科尔顿接种流感疫苗。在这个场景中，这种事情本应该由父母来决定。但科尔顿的妈妈不同意，她转向科尔顿说："科尔顿，你想注射流感疫苗吗？"他立刻开始尖叫起来：“不，不，不，不打针，妈妈，我不想打针！”他飞快地逃离了检查工作台，向门口跑去。其实没有哪个4岁的孩子愿意打针，那么为什么父母要把这个决定的负担放到一个孩子身上呢？可怜的科尔顿吓坏了，这不仅是因为医生可能会给他打针，更因为他幼小的内心还不能承受做出医疗决定的压力！科尔顿还没有能力理解接种疫苗的意义，他得到的消息是“我来决定这件事情”，这真的非常可怕。

孩子在有规则的环境里才能茁壮成长，其实他并不想做决定。因为他太小了，还不能承担做决定的责任。那么，为什么妈妈这么不恰当地把球踢到科尔顿的球场上呢？为什么要让他去参与决策过程呢？因为妈妈以前的育儿理念是如果让科尔顿参与决策，他就会感觉自己很重要。妈妈也不想承担让科尔顿由于打针而难过的责任。她担心科尔顿会因为打针时的阵痛而感到难过，然后因为她允许这种情况发生而导致孩子对她生气。她害怕孩子的愤怒。如果科尔顿的妈妈不是一直都取悦讨好孩子，她就不会担心孩子不爱她。科尔顿的妈妈已经成为一个患有“全能父母综合征”的人。她认为决定给科尔顿接种疫苗，并让孩子瞬间难过的感觉，可能会对孩子产生永久的影响。生活在享有特权的优质环境中，并能够获得极好的医疗保健的现实，并不会有助于缓解她对“全能父母综合征”的非理性恐惧。

儿科医生利用这个机会提醒这位妈妈，不宜让一个4岁的孩子做关于他的健康的决定，但是很遗憾，他们最后还是没有给孩子接种疫苗。

是时候开始介绍下一个病人了，米歇尔是一个 10 岁的女孩，她正在做医疗检查。当医生走进房间时，发现米歇尔和她的妈妈正在进行激烈的争论。妈妈转身对医生说："天呐，医生，你能帮助我劝劝她吗？你看她说话这么凶，我觉得未来几年我会很难熬。"米歇尔转向她的母亲说："哦，妈妈，请闭嘴！你真让人受不了。"妈妈转向医生说："你看到我要忍受什么了吗？我的天，如果我对我妈说那样的话，她会打死我的。"医生询问了有关争论的原因，米歇尔说她希望星期五晚上能去参加一个同学聚会，可她妈妈却说"不可以"。

这是一个太常见的场景了，因为在青少年初期，孩子都会试图坚持自己的个性以获得更多的独立性。然而，如果在早期没有督促孩子建立正确的边界限制作为基础，青少年初期的孩子很容易挑战父母。米歇尔很习惯她对待父母的方式，并不害怕如此粗鲁地对待妈妈会对她造成什么后果，因为在过去，她没有受过任何惩罚。医生问米歇尔："你为什么要让你的妈妈闭嘴呢？"米歇尔回答："你不知道她有多么刻薄，她不相信我，也不让我去参加这个聚会！"

妈妈和女儿的争论来来回回进行了好多次，直到医疗检查结束，米歇尔显然没有被教导过如何和她的母亲交谈，或者至少没有意识到这样做之后对她来说意味着什么，会有什么样的后果。一旦米歇尔对妈妈开始使用像"闭嘴"这样的词语时，谈话就应立即结束。

不管米歇尔是出于什么原因顶撞妈妈，她都应该被带离医院的工作台，以惩罚她的这种行为。对于她的这种突破边界限制，冒犯父母的说话方式，父母应该用有效、迅速、平静的方式回应，并需要由父母教导她将来如何与妈妈交谈，但这还有很长的路要走。

隔壁的诊室里也是前来看病的孩子，并有妈妈和两个兄弟姐妹伴随。当医生走进房间时，房间里乱成一团糟。其中一个名叫亚伦的6岁孩子正坐在医生的凳子上打转，而另一个4岁的孩子亚当，正在摇摇晃晃地玩着医疗设备。设备本来放在孩子们够不到的地方，这意味着有人帮他把设备拿了下来，或者是他自己爬上去取了下来。这位妈妈却没说一句话来防止孩子可能从旋转的凳子上跌落下来摔伤，或者弄坏医生的设备。可怜的最小的那个孩子病得实在太重了，躺在医疗工作台上一动不动，所以不会带来任何麻烦。

妈妈彬彬有礼地要求亚当把设备归还给医生，但亚当拒绝并说："妈妈，我还是想玩。"妈妈变得更坚决了。"请把它还给医生。"亚当继续无视妈妈的要求，妈妈变得越来越生气，语气也变了："如果你不把设备还给医生，今晚你将没有任何甜点。"此时，亚当感觉到潜在的威胁，害怕真的有可能得不到甜点，但他还是坚持继续无视妈妈的要求。看到亚当还是不理会自己，妈妈猛烈地从他的手里夺走设备，愤怒地抓紧他的胳膊，并把他强行拉到自己的腿边。

亚当开始哭了，愤怒地倒在地板上。而亚伦也迅速地从旋转的凳子上下来了，因为他看到妈妈变得很生气，担心接下来妈妈也会抓他。在这个场景中，亚当已经习惯于得到他想要的东西，而并不会担心没有得到甜点这一后果。首要的也是最重要的事情是，孩子还在这么小的年龄段，任何惩罚都需要立即快速地执行，而不是推迟到以后进行。因为到了晚上 4 岁的孩子甚至都不记得为什么他没有得到甜点，所以如果你决定惩罚小孩的不良行为，那么现在就做，以使其更加有效。

其次，亚当的妈妈基本上是在对着墙说话，所以她不得不要求孩子三次，甚至在第三次之后，孩子仍然不听。妈妈能取得成功的唯一办法就是发脾气和体罚孩子。她的育儿技巧是无效的。而真正有效的育儿方法意味着你只需要要求一次，没有下一次。在你提出要求并期待孩子第一次做出回应的时候，其实你已经做好了铺垫——你在掌控局面。如果孩子没有回应，孩子就应该承担相应的后果。而如果你要求孩子完成某些事情时要反复对他们说，你的声音就会被孩子忽略。

一旦你对孩子大喊大叫，你就失去了控制，从某种意义上说，孩子已经赢了。养育孩子总是说起来容易做起来难，但是你可以早点开始培养孩子的习惯。从孩子开始理解语言那天起，你就可以提出对孩子的期望和要求。切记，永远保持对孩子控制权，永远不要使用任何形式的体罚措施。

在上文的场景中，如果亚当第一次不听妈妈的话，妈妈应该轻轻地把设备从他的手中拿走，并归还给医生。孩子哭闹、发脾气肯定会紧随其后，然后，重要的是妈妈一定要切记不要理会发脾气的孩子，除非孩子的身体确实处于危险之中，比如孩子在停车场乱跑。虽然他自己故意倒在地板上碰撞自己的头，但是请放心，他不会伤害到他自己的。父母一个常见的举动就是急忙冲过去安慰孩子，或者担心孩子在地板上拳打脚踢、用头碰撞会弄伤自己。

孩子们在发脾气时都不愿意伤害到自己，但是如果你真的担心，你可以把孩子抱起来，带他到一个有地毯的房间，期间也不要和他说话。父母应该觉察到，如果试图劝说孩子不要哭闹了，或者询问孩子怎么做才会更好，可能会让孩子当时的哭闹变得更加剧烈。虽然父母都不愿意看到孩子在地板上扭动翻滚和尖叫哭闹时的痛苦，但也要克制住冲动，不要猛扑过去帮助他们。孩子会帮助自己冷静下来的。

孩子的脾气一旦消退，就会安静下来，这时妈妈要赞美孩子能够自己冷静下来，并要强调这一过程。如果妈妈拿走设备的时候，亚当没有发脾气，并接受妈妈的要求。这就揭露了一个潜在的事实，就是当妈妈第一次提出要求时，亚当真的没有听到。管教孩子真的需要做大量的工作啊！很多父母都太累了，或者认为惩罚孩子的时间与地点不恰当，但真的会有特别恰当的时间和地点来管教孩子吗？这些生活场景每天都在发生，父母需要让自己学会识别这些场景，否则机会就消失了。当孩子意识到你是主人时，这些糟糕的场景就会变的很少见，因为当你提出要求的时候，他们都会按照你的要求去做。

让我们接着看在儿科医生诊室度过一天时的下一个场景吧。在隔壁房间里有个 23 个月大的孩子西蒙，他患有尿疹。他的仁慈善良、和蔼可亲的父母和他在一起，他们极其担心他严重的尿疹病症。“医生，我们和孩子之间有点问题，他不让我们为他换尿布，所以我们就不那么频繁给他换尿布。所以现在他得了尿疹。”医生有些困惑，问道：“他不让你给他换尿布？你这是什么意思？”

“他不让我们给他换尿布。”儿科医生仍然很困惑，继续问道：“在换尿布之前，你用征求他的许可吗？父母沮丧地回应：“不用，当然不用了。”

“那么这里问题到底是什么呢？西蒙只是一个 26 磅重的孩子，而你们两个是成年人。我不理解他是怎么不让你们换尿布的。”

“哦，医生，你不会相信换尿布时他是怎么和我们战斗的，并且他是那么难过，所以我们换得不那么频繁，因为我们不想看到他那么难过。”

在这里，我们两个成年人让一个 23 个月大的孩子来决定是否被允许换尿布。小孩西蒙掌握着控制权，原因是，父母看到他挣扎和哭泣的情景实在太令人难过了。父母基本的常识已经飞到九霄云外去了，“全能父母综合征”开始发挥作用，因为西蒙不想让父母换他的尿布，而他的父母坚持要给他换，所以父母担心这会对西蒙造成一些持久的心理伤害。

如果他的父母由于轻轻地按住他给他换尿布，而必须和他做些斗争，这是没问题的。他会意识到是他的父母在控制一切。换尿布只是父母在照顾他，仅仅为了让他保持干净和健康，而不是在伤害他。对他哭泣的担心已经使父母变的几乎无所适从，只能允许他保留着脏兮兮的尿布，并最终恶化为尿疹。

在下一个诊室里，妈妈带着三个女儿在候诊，最大的孩子留在家里。因为只有三个孩子在医生的办公室，医生询问最大的那个女孩唐娜在哪里。“她在家里为我们做晚餐”，孩子们回答。儿科医生对这个回答感到很惊讶，又接着问道，“唐娜现在多大了”？

“她刚满 13 岁，”妈妈接着说，“我们所有人每天都在家里做家务，每个人都得帮忙。”

“那唐娜是个好厨师吗？你相信她会在家做饭吗？”在中产阶级地区，这是一个很不寻常的情景。妈妈说：“她是个很棒的厨师，她总是为我们做饭，在家里这是她的工作之一。”其他三个女孩也试图争抢着告诉医生他们的责任。7 岁的阿曼达自豪地笑着宣布“晚饭后我负责洗碗碟”，九岁的莎莎也宣布“我负责洗衣服”！妈妈加了句，“其实艾琳也有一件家务事，她每天晚上负责饭前摆放好桌子”，艾琳是最小的孩子，才 28 个月。

儿科医生转向三个女孩，问道，“谁是你们的主人？”她们三个张开笑嘻嘻的大嘴巴，异口同声地回答：“爸爸和妈妈！”这三个女孩充满了自信、尊严、满足和纯粹的喜悦。她们知道遵守规则，达到父母的要求，而爸爸妈妈是为他们设置规则和标准的主人。多么美好的一家人啊！很显然，孩子们都在这样的家庭环境中茁壮成长，同时幸福地认为爸爸妈妈是他们的主人。

如果更多的父母能够成为孩子的主人，世界真的会变得更加美好。很显然，这些年轻的女孩成长在这样的家庭里，他们学习规则并遵守规则。因此，她们通过学校进入成年的生活道路也将变得更加容易。妈妈现在为她们注入的职业道德将贯穿在她们的整个生命之中。她们意识到妈妈是她们的主人，如果出了问题，妈妈会来负责。她们也意识到家庭生活的顺利进行，部分原因也离不开她们的积极参与。她们的自我意识正在逐渐形成，并带着谦逊的特点。她们知道谁是主人，以及如何处理被要求做的事情。同时，她们也培养了团队合作的意识，并得到了回报。她们学到的都是好东西，并且这个清单也会越来越长。

作为孩子的主人，意味着你将承担责任，并给孩子制定规则。带领你的孩子开始一起成长吧，因为孩子成长得实在太快了。在你知道如何做孩子的主人之前，他们可能就已经到了青少年时期，并且每天都在测试你的规则边界。

## 第 5 步

# 做孩子的老师

老师的影响是永恒的。

他永远也不知道这种影响在何处停止。

——亨利·亚当斯（Henry Adams）

美国历史学家、记者、小说家和教育家，

约翰·昆西·亚当斯的孙子，约翰·亚当斯的曾孙

★

- 你是孩子最重要的老师。
- 腾出时间好好给孩子进行解释。
- 找到一天中教育孩子的时间。
- 与孩子一起学习。

做孩子的老师，这种说法似乎不言自明，但是当你得知许多父母不理解他们同时也在担任老师的角色时，或许可能感到有些惊讶。做孩子的老师，并不意味着要站在白板前，或和孩子一起坐在电脑屏幕前做物理题，甚至也不意味着教孩子学习英文字母。而是要教育孩子最重要的技能——生活技能。这些技能包括情绪调节、问题解决、与难以相处的人沟通、成为善良并有爱心的人等。这些教导发生在父母生命中的每一天，而且许多时候，父母在教导孩子时，他们并没有意识到自己正在扮演教师的角色。

本章的目的是让你了解作为父母，你其实还应该扮演老师的角色。希望你也能够乐于与孩子一起学习新的事物，即使这意味着你必须查找类似于“为什么天空看起来是蓝色的”这种问题的答案。

父母在履行老师的职责时，都会面临着不同的挑战，因为有些孩子爱学习，而有些孩子不爱学习。这时，如果父母的教育方式和孩子的学习风格相结合，教导将会很容易成功。

让我们从头开始吧。当宝宝刚出生时，他们的行为主要由脑干的反射来支配。“白板理论”描述了新生儿来到世界时只是空空的白板，只有通过后天的经验来获取知识，填充白板。也正是这些经历塑造了每个人类个体的差异。毫无疑问，经历会对孩子成为什么样的成年人产生深远的影响，但这种通过经验养育孩子的观点去看待生命，显得过于简单化。而另一种观点也对孩子产生影响——那就是自然进化的观点。那么，经验养育和自然进化，到底哪一种观点正确呢？难道每个孩子成长为一个成年人，都如同父母想要塑造的成年人一样，纯粹都是他们生活事件汇总的结果吗？还是因为早在宝宝出生前，遗传基因已经交织在婴儿体内，从而使婴儿有了一个预先确定的命运安排呢？其实答案是，这两种观点都影响了一个人的成长，这也没有什么好惊讶的。关键是，我们要在孩子的自然进化过程中好好地养育孩子，并潜在地改变孩子的命运。

尽管大脑的皮质或思维能力在孩子出生时尚未发育完成，但实际上这些部分的成长非常迅速，父母会明显地注意到孩子在出生后不久就会对人发出第一个微笑。这就是他们的大脑皮层在说话！在孩子出生短短几周之后，仅仅会对外界产生应激反应的婴儿很快就成长为会思考的小天使。他们总对着人脸微笑。再回到白板理论：新生儿来到这个世界上只是一张白纸，一切都是后天学习经验的结果，那么结论一定是，父母教会了孩子微笑。微笑的反应真的是学来的吗？事实上它不是。从来没见过微笑的失明的孩子也会微笑。因为微笑是天生的，很早很早以前就存在于我们人类的基因里了。我们不能，也不想去改变这些。然而，父母不需要教孩子微笑，而应该精心培育孩子在哪些情况下要微笑。

事实上，每个刚出生的孩子都携带了一套不同的基因，这些基因可以使每个个体以某种方式行动。在新生儿保育室转一转，就可以看出新生儿刚出生几个小时之内那种与生俱来的差异。例如，哈里和亚当是两个来自不同父母，且刚出生没几分钟的婴儿。他们两个都在婴儿房里，而护士正在做紧张的护理工作。哈里被喂养之后感到很满足，躺在那里听声音，闻气味，眼睛到处看。轮到给哈里检查的时候，医生脱下哈里的衣服，并在他的身体上触碰了几下。当检查使哈里感觉不舒服的时候，他哭了起来，但他很快就恢复了平静的状态。

现在需要检查亚当了。刚开始，他静静地躺在摇篮里，但当他喂养后的幸福感和满足感被打破时，他很快就焦躁不安起来。整个检查过程中，他都在哭泣；并且在检查过程中比哈里更容易哭闹。当检查结束后，亚当还是焦躁不安，且更难平静下来，他一直在哭。亚当先天的特征和哈里有一些不同，他的自我安慰机制比亚当更弱一些。

在下面这一点上，父母很可能走错方向。所有的父母都想安慰哭闹的孩子，这是一种本能。没有人喜欢听到孩子的哭声，那么我们该怎么办呢？我们总是倾向于立刻抱起孩子并开始安慰他。是的，我们开始安慰孩子了！这种反应太正常不过了，但很重要的一点我们却没有做。那就是作为父母，我们并没有教给亚当如何安慰自己的情绪。

不要认为现在孩子还很小，也不要认为他只是刚刚出生的婴儿。教育孩子永远不要担心太早！孩子所有的需求已经得到满足，他已经被喂养过，换过尿裤，衣服舒适，身体健康，一旦所有的需求都满足了，让一个健康的婴儿哭一会儿并没有坏处。这意味着父母已经开始教导他如何自我安慰了。这种教导必须从某时某处开始，所以开始得越早越好。

亚当可以在婴儿房里继续焦躁地大哭一阵，但只要给他机会，他很快就能够自己平静下来。如果亚当的父母对亚当的每一次哭泣都呵护安慰，那么他将没有机会学习如何使自己平静下来。当然，养育孩子的常识也一定要了解，如果孩子的哭声听起来有些不正常，或者孩子生病，或者喂养不当，那么就应该去看医生，并采取适当的措施。

让孩子开始学习如何安慰自己，会正确地引导他学会如何自己入睡。其实你没必要教宝宝如何睡觉，但你必须教导孩子何时入睡及保证好的睡眠，所以，教导孩子如何自我安慰是必须开始的第一步。当筋疲力尽的父母因为孩子睡眠不好而寻求帮助时，儿科医生给父母们最常见的建议就是教会孩子形成良好的睡眠习惯。如果从婴儿出生的那一天就开始教导他睡眠，事情会变得更容易些，而且长期来说可能都会有好处。

研究表明，宝宝的神经内分泌系统会受到睡眠的影响。神经内分泌系统会对他将来大脑功能的执行力有影响，并会对孩子的行为产生长期的影响。那些在 18 个月大时还有不良睡眠习惯的婴儿，会随着年龄的增长产生较高的情绪反应、情感焦虑、注意力不集中甚至攻击行为。因此，培养良好的睡眠习惯不仅有利于筋疲力尽的父母，而且对改善婴儿未来的大脑功能更为有益。

为新生儿设置作息时间表对大多数父母来说是一个严峻的挑战，因为孩子的作息周期还没有发育完成。在新生儿刚出生大约 8 个星期之内，长时间的睡眠通常不会发生；8 个星期之后，我们才可以期望孩子一次能睡 6 ~ 8 小时。所以，当孩子出生后从医院回家的那一天开始，父母就必须开始教导孩子何时入睡，并让他们学会如何入睡。

当每次把孩子放进婴儿床去睡觉时，要确保他是醒着的。不要摇晃着他入睡，也不要让你成为他睡眠的辅助对象。充满爱意地摇着孩子入睡，无论这种感觉有多美好，都尽量不要这样做。当然，你可以让宝宝坐在摇椅里，花时间摇着孩子，唱着摇篮曲，甚至读书给他听，但不要每天晚上都摇着孩子进入深睡眠。如果你这样做了，将会促使你成为孩子的睡眠辅助对象，他将会持续不断地需要你的帮助才能入睡。

这就意味着，整个晚上，只要孩子醒来，你就需要摇着哄他入睡，不管多长时间，5 分钟或者 1 小时。你的孩子才不会关心当时的时间是凌晨3 点，但你会感到筋疲力尽。孩子需要你摇着他入睡，是你教导他这样入睡的。其实你需要做的就是教给他学会自我安慰，这意味着你需要让他学会冷静下来，学会自己睡觉。你需要做的是一位老师，而不是一个“坏父母”！你并没有抛弃孩子，你在教导他基本的自我生存技能，这将对他有益无害。

如果这时，父母为“遗弃”孩子而觉得内疚，这实际上是没有用的，这只会对你的孩子有害。好的父母往往会考虑自己的行为如何影响孩子，而不会像其他父母一样考虑如何去舒缓孩子的糟糕情绪，不管是出于内疚、担心，还是想要成为守护孩子的身着闪亮盔甲的骑士。当父母抱起孩子说：“没事的，妈妈会让一切都变得更好。”这时，父母更像在安抚孩子的情绪而不是在帮助孩子。孩子睡在安全、美丽、温暖、舒适的婴儿床里，及时地被喂养，屁股下垫着干净的尿布，有着无微不至的父母呵护。这听起来已经很完美了，哪个妈妈能够让一切变得比现在更好呢？但如果父母还是持续不断地产生没用的内疚感和负罪感，并错过眼前教育孩子的机会，这份完美很快就会被毁了。

在某些时候，当父母连续几个夜晚都不能入睡，被消耗得筋疲力尽时，他们才开始意识到教导孩子保持良好的睡眠是有一定意义的，父母这时没有理由感到内疚、担心，或者觉得他们正在“遗弃”自己的孩子。你越早开始教导孩子睡眠，每个人照顾孩子也就越容易，并且每个孩子也都学得很快。

在这里提醒所有的父母，要保证良好的睡眠习惯，就是半夜给孩子喂奶时应该尽量安静，轻快地换尿布，然后把孩子放回到婴儿床上。尽量保持暗淡的光线，因为光线太强会影响孩子入睡。不要进行任何谈话或者唱歌，因为这样做只会促使孩子醒来并需要喂食。我们希望夜间喂养时间尽可能短，对孩子尽量不要有任何刺激。这就是在教导孩子，午夜是睡觉时间，不是唱歌时间，也不是爸爸妈妈的聚会时间。

这只是父母作为孩子老师的一个例子，我们每天教导孩子的清单是无穷无尽的。再重申一次，这并不一定是在讨论如何做奶奶的番茄酱，虽然这也是非常有用的，而更多的是关于如何学习重要的生活技能。例如，教导孩子不要欺负其他孩子，如何善待他人，如何以别人期望的方式对待别人，并学会遵循父母提出的要求——这些都是我们应该教给孩子的更重要的技能。

对于父母的教导，每个孩子的理解和吸收都会有所不同，因为正如上述所讨论的，每个孩子的天资秉性有所不同，有些孩子是天生的学习者，有些孩子善于取悦他人，这会使育儿更容易些，而另一些孩子则会更捣乱一些。意志坚强的父母要始终记得，自己是孩子的老师，并且持续不断地强化对孩子所期望的良好行为。

有一种很常见的场景就是，父母甚至可能没有意识到教育孩子的事情正在发生，但却是一种负面的教导。你和你的孩子乔恩正在漂亮的市中心购物，乔恩突然想要一个冰激凌甜筒。他非常温柔地问妈妈是否可以吃一个冰激凌甜筒。他的妈妈曾经教导过他如何请求别人做某事，所以他甚至在他的请求话语里加了客气的词语“请”。但妈妈拒绝了他的要求，并轻轻地提醒他，晚餐时间快要到了，现在不是吃冰激凌的时间。

那么接下来会发生什么呢？一个教导孩子的典型的情景出现了。乔恩再次问妈妈，但这次的声音带着呜咽和抱怨：“但我就是想要冰激凌！”妈妈再次拒绝了他的要求，坚持了先前的决定。因为妈妈没有做出让步，所以一切都进行得很顺利。然而，小乔恩真的想要吃冰激凌甜筒，他接下来决定通过自己的方式来获得。乔恩再次问妈妈，但这次他大声哭喊起来：“我就是想要冰激凌！我求你了！”

此时，商场里的人都转过来看这个哭泣的小男孩。妈妈现在开始感到有点紧张和尴尬，甚至有些生气。她刚才的决定正在动摇，因为她只想让小乔恩停止哭泣。当她正在思考如何处理的时候，乔恩立刻滚在地上开始大发脾气。大多数在场的父母应该都经历过这种情景，他们盯着商场里正在上演的闹剧，同情地看着可怜的妈妈。但在怜悯这个窘迫的妈妈的同时，更多的父母庆幸不是他们自己来面对这个哭泣的小孩子。

乔恩在疯狂地尖叫发脾气，因为他想要一个冰激凌甜筒，最后，他的妈妈终于投降了，给他买了一个甜筒。毕竟，她想让他高兴，想让他停止哭泣，同时也觉得有必要结束这种窘迫尴尬的情形，让其他的购物者们不要再盯着自己了。当乔恩的妈妈宣布要给乔恩买一个冰激凌甜筒时，乔恩的哭声立刻停止了。乔恩现在正开心地吃着冰激凌甜筒，他妈妈的情绪也恢复正常了，闹剧收场了，商场的其他购物者也继续他们各自的事情了。

乔恩的妈妈不知道，她刚刚教给了乔恩两件非常重要的事情。是的，她确实教会了乔恩一些事情。通过这个互动，乔恩学到的第一件事情是，如果妈妈说“不可以”的时候，并不是真的意味着不可以，而是意味着有可能。一旦父母说“不可以”，坚持自己的决定是非常重要的。当然，凡是总有例外，但大部分时候你应该坚持你的决定。如果父母一开始就说“不可以”，然后却又改变主意，孩子领会的意思就是，不可以并不意味着真的不可以。在现实世界中，不可以就是不可以，重要的是，这是乔恩长成大人后才明白的。在现实世界中，如果乔恩做事不顺，其他的人才不会在乎他是否高兴是否难过。将来有一天，他的老板也不会先告诉他不能加薪，然后在他请求了许多次之后再改变主意又给他加薪。现实情况是，他的这种行为可能会让他被炒鱿鱼。

妈妈教会乔恩的另一件事情是，哭泣乱踢、尖叫发脾气，这样他就会得到他想要的东西。因此，下一次妈妈说不可以时，精明的小家伙仍会采用哭泣和尖叫的方式来得到自己想要的东西。这是一种常见的习得性反应，所以永远不能教孩子这样。乔恩必须明白，在他以后的生活中靠发脾气是不会得到他想要的东西的。如果他的妈妈继续教导他，闹腾发脾气能够让他得到他想要的东西，这可能会对孩子造成非常不利的影响。乔恩成年后，仍然会认为自己有权利通过"成年人发脾气"的方式来要求别人并达到自己的目的。

当我们在舒适的家里阅读以上教育孩子的案例时，会觉得这位妈妈犯得错误太显而易见了，但是当父母遇到孩子尖叫哭闹这种焦灼痛苦的处境时，唯一想做的就是尽快结束这种情形。毕竟，谁想听到自己的孩子哭泣呢？谁想看到一个孩子因为没有得到他想要的东西而遭受伤害呢？每个父母都本能地想要取悦孩子，并希望孩子幸福快乐。没有什么事情比听到自己孩子哭泣更让人感到撕心裂肺了。在孩子因为没有得到他们想要的东西而遭受伤害、感到失望或尖叫哭泣时，所有这些痛苦的感觉都是再正常不过了。这件事情的关键一点是，父母要记住，父母的言行举止永远在教导孩子如何做人。如果父母因为看到孩子哭泣而屈服于孩子，父母就是在教导他们通过哭泣和尖叫来获取他们想要得到的东西。

其实乔恩的妈妈可以用其他不同的方式来处理这种场景，从而可以更积极地教导乔恩。一旦乔恩自己倒在地上开始踢打尖叫时，妈妈可以静静地扶他起来，然后拉着他离开商场。妈妈需要确保能够控制自己的情绪，千万不要大喊大叫对孩子发火。可能出现的场景是，乔恩在回家的车里哭泣一路，甚至在回家后还继续。此时，妈妈不应该和孩子说一句话，因为乔恩正歇斯底里地哭闹。对孩子的这种负面行为，任何试图与孩子交谈或者尝试安慰孩子的做法，都不会对孩子带来任何正面的强化作用。如果妈妈在乔恩发脾气时安慰他，那么就是在教他认为发脾气的方式没有问题，但这绝对不是我们要教他的行为方式。这件事情对父母来说非常重要，任何时候孩子哭闹，重要的不是回应孩子。父母只需要温柔地提醒孩子应该用一种和蔼礼貌的语气说话，提醒一次足矣。除此之外，最好不要给发脾气的孩子任何回应。

一旦乔恩停止哭泣并安静下来，妈妈就可以开始和他对话了。妈妈应该提醒乔恩，很高兴能看到他停止哭泣。当乔恩使用正常的语气说话时，妈妈又可以继续与他说话了。通过这种做法，妈妈传递给乔恩的信息是，哭闹将不会使他得到他想要的。当他哭闹时，他将无法与妈妈说话，更无法让妈妈接受他的请求。这样做也可以让孩子有机会学习如何使自己平静下来，即使这意味着要带他离开商场。如果下一次他又想发脾气，他就会知道，“不可以就是不可以”，这样发脾气的时间就会变得短一点。父母坚持“不可以”的决定除了可能会使孩子有一段短暂的哭闹外，甚至不会引发任何事情。作为一位担当老师角色的父母，相比妈妈在乔恩发脾气的时候就给他买了冰激凌甜筒的场景，第二种场景能够使得他学习更多有用的生活技能。

让我们看看另一个例子。爸爸、妈妈和他们的两个孩子正在吃晚餐。年龄较大的女儿叫泰恩，13 岁，较小的儿子叫法比奥，7 岁。爸爸开始询问孩子们一天过得怎么样。儿子告诉他，他今天过得实在太棒了，因为“今天来了一个新的代课老师，不需要做任何作业”。爸爸回答说：“是的，我也喜欢在学校的那些日子。我们那时常常捉弄代课老师。我记得我和我的朋友莫泰曾经向代课老师扔纸团，我们从来没有碰到麻烦，因为那只是个代课老师而已。真是笑死人了！过去的时光真美好啊。”法比奥喜欢听他爸爸讲的故事，因为这也验证了他自己在学校的经历。

接下来是泰恩，她今天在学校过得不怎么样。她告诉爸爸，她真的很不高兴，“讨厌去上学”。泰恩的爸爸很困惑，因为她在学校是个好学生，喜欢参加各种运动，也有很多朋友。“你为什么会说你讨厌上学呢？到底发生了什么事？”泰恩继续告诉爸爸，学校里所有的女同学都有刚上市的最新版的手机，“我不喜欢成为朋友圈里唯一没有新版手机的人。这太不公平了。同学们都以取笑我为乐。太糟了，爸爸，糟糕透了！”

“我不相信他们会因为你没有最新版手机而取笑你，泰恩。”

“不，爸爸，他们就是在取笑我。这款手机已经用了一年了，我想让妈妈给我换个新的，她说不可以！我确实需要一个新的手机，我不能成为拿着一个旧手机的人。”

爸爸想了一会儿，并没有与已经说了“不可以”的妈妈商量，直接回答说：“好吧，我们不能让你成为你的朋友圈里唯一没有新版手机的人。”

“太好了，谢谢爸爸，我就知道你会为我着想的。”

许多父母都可以把这种情形当成一面镜子，照见镜子中的自己，因为这种情形真是太正常不过了。重要的是，一要如何找准教导的时机，二要如何利用时机教育孩子。

在上述场景中，爸爸在本质上是在教导法比奥，粗鲁无礼地对待老师，代课老师上课时不用学习，这些都是没有问题的。给儿子讲述自己过去的经历，用这种方法教育儿子很好。但是，爸爸其实本应该补充说，向老师扔纸团的做法使自己感觉很难受，自己很后悔当时的行为。作为父母，通过实际生活中的例子教育孩子，比单纯用“说教语气”教育孩子要好很多——这就是通过故事来教育孩子的深刻含义。

当他和女儿谈话的时候，爸爸真的搞砸了。首先，他完全破坏了他妻子的育儿方式，他让两个孩子领会到妈妈的决定毫无意义，可以被推翻。这种场景常常在家庭中发生，父母一方凌驾于另一方之上。它让孩子意识到婚姻中的双方不是友好的伙伴，而是一方可以统治驾驭另一方。恐怕真的没有人想要这样的婚姻！

在上述故事中，泰恩所做就是撒娇、抱怨、发脾气，用此方式得到一个新版手机。不管什么原因，爸爸都对她做出了让步，甚至都没有建议她如果想要一个新版手机，她应该自己去购买，或者告诉她“妈妈已经说过不同意了”，就这样，结束了对话。这本应该是一次更好的生活教育课，相反，爸爸却引发了十几岁的孩子发脾气，并教会了她不好的生活习惯。

女儿泰恩的另外一个说辞是，她遭受到了来自“朋友”的压力，所以想要买一个新版手机，否则会因为没有新版手机而遭受取笑和侮辱。爸爸强化了她与人攀比的心理。这再一次丧失了教育孩子的机会，也使得一次本来可以让孩子铭记于心的有效对话付诸东流。爸爸本来可以竭尽全力地告诉泰恩，“可怜的孩子是什么都不会有的，看看你现在拥有了多少东西；为什么你会这么在意你没有最新版的手机？你的手机其实就是新版手机，它才刚刚用了一年。”

可供教导的瞬间随时都在出现。在孩子处于青少年期间，父母教导孩子使用的方法是有限的，要尽量减少教条的说教语气。相反，需要尽量使用过去和现在的生活故事来阐明观点，即使你必须将故事稍微润色美化一下，使故事听起来更诱人些。

对于担当老师角色的父母来说，改变孩子的言谈举止，使得他们的未来变得更好，这总是最重要的事情。做父母很难，因为我们必须思考我们作为父母所需要的一切言谈举止。同时，我们还需要不断提醒自己，我们的言谈举止总是在影响着我们最宝贝的孩子。

第 6 步

# 教会孩子如何解决问题

创造就是在解决问题。

——菲利普·西摩霍夫曼（Phillip Seymour Hoffman）

来自塔莎·罗宾森（Tasha Robinson）于 2015 年 9 月 12 日在 A. V. 俱乐部对菲利普·西摩霍夫曼的采访。

★

- 教你的孩子如何识别问题。
- 鼓励孩子们找到眼前的问题的可能答案。
- 询问孩子每个解决方案可能是什么样子。
- 让孩子决定使用哪种解决方案。

解决问题的真正含义是什么？这是一个相对较新的术语，但是当史前地球上的人类想知道怎样才能弄到下顿饭的时候，解决问题的概念就已经存在了。从最简单的意义上说，解决问题指的是找出克服或跨越障碍的一个或多个解决方案。一个人如何解决问题取决于许多因素，这些因素包括所呈现的问题的类型，呈现问题的人的能力，识别问题是否存在的能力，制订计划的能力，以及最终个人执行解决方案的能力。

学习如何解决问题是当今的人们正在丧失的一项基本技能。父母过快地干预孩子的生活，他们来帮助孩子解决有关学校的、社会的或者体育的问题，并没有给孩子自己学习的机会。当今的技术发展使人们更容易获得需要的信息和答案，从而使人们更加丧失了解决问题的机会和能力。而且，父母现在只要打电话就可以解决任何问题。随着当前这一代人解决问题能力的丧失，未来的成年人解决问题的能力也将被大大削弱。

解决问题的困难可以表现在许多不同的方面。当父母每次告诉情绪不稳定的孩子不能给他买玩具的时候，他都会大发脾气；或者青少年稍有情绪波动，就甚至能气愤地给墙打一个洞，这些孩子都是在处理自己的情绪问题方面有困难的孩子。当孩子不能把他的功课放在一起，忘记带课本或写作业，拒绝在家里做家务，或不愿意排队等候时，这些孩子有更多解决功能性问题的困难。与同龄人相处困难，或经常欺凌别的孩子，在解决社会问题上存在困难。

不会解决问题的孩子将会逃避所有的问题。例如，如果你的孩子在学校的更衣室遇到麻烦，他可能会故意不去上体育课，并逃避任何与体育有关的事情。他不是去尝试解决问题，而是直接退出了。在学校里被恶霸欺负的孩子会逃课，以避免再次遭受欺负。变成恶霸并逃避社团活动的孩子，开始痛斥并攻击他人，因为他可能自己也无法解决所面临的社会问题。许多不良行为都可以追溯到解决问题技巧的缺乏上来。无论解决问题的挑战可能是什么，父母都应该帮助孩子学习他所需的技能，并培养孩子成为成功快乐的成年人所需要的能力。

孩子们的成长总是受到科技进步的影响。由于计算机时代的全面到来，21 世纪迎来了显著的优势，大部分的学习方式都在某种程度上受到计算机的影响。然而，思考能力并不是一种技术进步，它始终取决于我们人类的大脑控制。

批判性思维和解决问题是相辅相成的。批判性思维是通过观察、经验，或阅读获取信息，并进行综合、收集和分析信息的能力。我们不完全确定技术的出现是如何影响学习的，但我们确信它确实对学习会产生影响。无论是明显的还是微妙的，好的还是坏的，新技术对大脑的发育都有影响。这些影响不仅使孩子的学习方式发生了明显的变化，而且似乎也使孩子们发生了内在的变化。比如，神经元的连接发育就受到了新技术的影响。

有相当多的证据表明，网络成瘾对大脑有着非常真实的影响。额叶是大脑的一部分，它支配着执行功能或高级思维，网络成瘾的人，额叶有萎缩衰退的迹象。似乎（脑部）白质的斑点性损失和皮质厚度的减少，也会影响更高级的思维和功能，还会导致情绪冲动，以及认知任务的执行。长时间面对屏幕已经证明对大脑发育会有影响，特别是对关键的额叶，因为额叶的功能指导我们生活的每个方面，所以，这可能对孩子产生意义深远的影响。

互联网确实对大脑产生了影响，我们可以推断其影响了人类批判性思维和解决问题的能力。这可能会使大脑发育在各个方面整体下降，它抵消了技术具有激发儿童学习的某些方面的优势的可能性。一些电子游戏旨在激发创造力、认知、反应时间、空间想象的能力及解决问题的能力，而且确实它们似乎也做到了。互联网似乎也在强化以更快的速度扫描和处理信息的能力。关于计算机广泛使用的优点和缺点，还有太多的问题需要回答，但目前，被认为最好的办法是限制观看电子屏幕的时间，因为许多视频游戏不是鼓励孩子成长，而是将孩子们引入无情的暴力杀戮中，没有任何激发思维的作用可言。

与互联网的可视化学习相比，阅读更有助于培养批判性思维和解决问题的能力。互联网上，快速的滑动或者翻页使人们以快速的方式浏览信息，但从未真正消化吸收所有的信息。现在，随着互联网上多媒体信息的增加，似乎深入思考的机会更少了。事实上，孩子在没有干扰的情况下使用纸质文档的学习效果更好。阅读能使人深入思考，但是当在互联网上以观看视频和点击超级链接的方式阅读时，人们深入思考会变得更少。

随着互联网的出现，回答任何问题都成为可能，对于任何可以拼写出句子的孩子，在互联网上动动指尖就可以找到问题的答案——特别是对于大多数六七岁的孩子。一个问题可以简单方便地得到解答，这在带来好处的同时也带来了一些问题。明显的好处是可以快速收集信息，课题项目和家庭作业不需要花很长时间就可以完成，因此可以留下更多玩耍和娱乐的时间。如果在学习如何解决数学问题时有困难，答案肯定能在网上找到。

互联网的一个天然缺点是信息的获取太容易，太便捷了，人们碰到问题时，很少甚至没有思考如何独立解决，在网上就很有可能得到答案，而且这些答案或许已经通过了试错实验，也或者是通过阅读文章并在之后提取信息而呈现的。因为获取信息太容易了，使得严密推理和解决问题的技能被忽略了。可以说，如果孩子不使用这些推理和解决问题的技能，他们将不会练就敏锐的头脑，或者在孩子成长方面，这些技能永远不会有机会得到充分发展。

现在，过度溺爱孩子的父母也加入进来凑热闹，孩子碰到一点点问题，就急急忙忙给提示。父母们每当看到孩子在解决问题时，就立刻抓住机会帮孩子把问题解决掉了，从来不给孩子培养解决问题技能的机会。当问题不可避免地发生时，我们的目标不应该是阻止孩子发现所有的问题，而应该是帮助他们找到解决问题的步骤。

要正确地解决问题，首先要能够确定问题的存在。

当问题已经被确定和定义之后，下一步是制定可能的解决方案。可以使用认知分析并评估可用的资源来解决这个问题，然后，孩子可以开始制定解决问题所涉及的步骤。在考虑了可能的解决方案之后，下一步是尝试解决方案，看看它们是否可行。这可能需要多次尝试来解决这个问题，但每一次失败的尝试都是一个学习的过程，从而了解方案不可行的原因，这是提高解决问题技能的重要步骤。

让我们来看看从婴儿期到成年期，这些技能是如何被培养出来的。一旦我们看到技能培养是如何发生的，我们就可以更好地帮助这一代人增强他们的问题解决能力。

什么时候解决问题的能力开始形成呢？事实上，我们看到婴儿出生后的第一年就开始形成这些技能了。6～12个月的婴儿开始形成运动、感知和认知的技能，这些技能汇聚在一起形成了解决问题的能力。婴儿能够理解，咬住一个特定的玩具发出吱吱响声，这种声音可能会引起家里的狗做出反应，从而使婴儿意识到事情的因果关系。现在，如果没有能发出吱吱响声的玩具，婴儿可能会敲击桌上的另一个玩具，使之发出声音，以引起狗的反应。聪明的婴儿知道，当他们还没有学会运动而不能通过爬行得到玩具时，如果一个玩具放在毯子上，他们就可以拉动毯子，以使玩具更接近他们。这是前语言阶段婴儿解决问题能力的发展！

有一些玩具当以某种方式触摸或移动时能够发出声音，父母应该通过提供这类玩具来鼓励孩子发展这些初始的技能。父母应该确保游戏环境中有好玩的东西，可以吸引孩子的注意力，如五颜六色的、有纹理的玩具。父母应鼓励孩子使用玩具，以获得对环境的反应。使用需要操作的玩具，例如魔力玩具盒，一旦特定的地方被碰到、挤压或拉动就会弹出的玩具。这些基于奖励的游戏能够促使孩子识别物体，从而刺激大脑的发育。

较新的育儿热潮是父母们使用视频或视觉卡片来提高婴儿的智力，这实际上没有合理的科学依据。研究显示，接触视频和视觉卡片的婴儿与未接触的婴儿的智力水平没有差异。更为重要的是，营造一个可以刺激触觉、听觉和有爱的环境，这是促进婴儿成长的基础。

随着孩子进入幼儿期，他们解决问题的能力持续发展。孩子现在可以在空间中四处走动，并且开始能够操纵外部环境。现在他们可以看到一个东西穿过房间，并可以走过去看看。他们可以把东西拿起来，然后再把它丢掉，或者放在自己嘴里。对刚学会走路的孩子来说，竟然有这么多新的体验啊。幼儿手的敏捷性已经大大提高，他们发现自己能够用勺子把更多的食物放进嘴里，他们能够使用块状的东西来搭建一座城堡。如果桌子顶上有一个玩具，被放得非常高，幼儿也能够想办法得到它。他们可以把椅子推得足够靠近桌子，然后爬上去得到他们正在寻找的玩具以奖励自己。这时，幼儿能够解决更加复杂的问题。一个大理石块陷在一个瓶子里，用他们的小手指可能够不着，但他们完全能够意识到，如果他们把瓶子颠倒过来，大理石就可以跑出来了，这就是幼儿期孩子具备的技能。在幼儿期，孩子再次出现了更多的解决问题的新能力。

培养孩子解决问题的能力是父母的责任。父母可以通过让孩子找出问题的简单解决方法，来培养孩子独立解决问题的能力。当孩子简单地颠倒瓶子，把石块从瓶子里倒出来的时候，他们感觉真是太奇妙了！给孩子提供一些培养新技能的玩具，如简单的拼图和形状分类，都是提高解决问题能力的好方法。父母应让孩子使用推拉玩具和他们自己双手创建的玩具来玩。黏土玩具对孩子来说很好玩，孩子可以通过设置模具和建造来提高自己的能力。他们可以尽情发挥自己的想象力，然后设置计划步骤，并创造出一个黏土小杰作。

如果你的孩子走到你面前哭着对你说，玩具坏了，尽量不要立即去修好玩具。比如说他哭着找你，因为他最喜欢的玩具卡车坏了。他把卡车递给你，你立即检查后发现有一个轮子掉了。这时候，你本能的做法是马上去找到轮子，并把它放回卡车上。但是不要这样做，你应该引导孩子告诉你哪儿出问题了。如果他的语言能力足够好的话，他就能表达出是轮子掉下来了。在这种情况下，作为父母应该立即微笑，并确认他正确有序地识别出了问题。我们应该尽量奖励那些我们想要鼓励的行为。现在，问他认为怎样才可以修好卡车，把他的大脑集中到通过独立思考来解决问题，而不是让他的妈妈或爸爸去解决。

培养解决问题的能力永远都不要觉得太早。如果孩子的语言能力还不太完善，问他认为怎样才能修好卡车也没问题，我们正在为培养具有严密思维的问题解决者奠定基础。他可能指着丢失的轮子说，“轮子不见了”。孩子说出这些话和做出相应的行动，父母应该给孩子一个巨大的微笑，“你说得真对，你想到玩具出了什么问题这很好”。小小的鼓励可以发挥很大的作用！你可以通过询问“那么我们怎样修好它呢”来继续这个谈话。如果孩子语言能力足够好，他可能会说，“把轮子放回来”，或者他可能完全困惑地看着你。如果还是没有回答，给他一点提示。可以问他，“那么我们怎样才能让卡车重新跑起来呢”？然后，让他想一想。你可以通过指向缺少的轮子来提示他。他可能没有想出答案，但你正在开动他的脑筋，让他开始自己解决问题。

孩子快要入学之前，我们将会继续看到孩子成为新问题的解决者。孩子在这段时间里更喜欢社交，喜欢玩游戏，也喜欢与大人和其他孩子互动。他们的语言交流能力已经发展得相当成熟，语音表达也已经出现，运用他们的语言技能，可以培养他们解决问题的能力。从现在起没有必要一直再玩棋盘游戏了。任何需要思维过程和预先计划的游戏，都会促进孩子认知过程和大脑连接的发展，这将有助于解决问题能力的提高。简单的游戏，如记忆卡游戏、跳棋都可以作为很好的开始。

在学前阶段，父母应该继续不断尝试训练孩子的思维过程，并且应该按照系统化的方式一步一步地进行。这将会帮助父母们组织自己的思考过程，同时达到通过思考并找到问题解决办法、培养孩子思维的目标。

让我们举个例子，一天，4 岁的斯宾塞和他的朋友迈克在一起玩。斯宾塞想要迈克正在玩的水枪，但迈克这时不愿意把水枪给别人玩。斯宾塞本能地把枪从迈克的手中夺了过来，并意外地用塑料枪击中了他的朋友。迈克立刻开始哭了起来，因为他刚刚被击中了头部，但更让他难过的是，自己的玩具被抢走了。迈克哭了，这也让斯宾塞感到难过，因为这样他们也不能在一起玩了。

在这个时候，父母可以介入并尝试帮助斯宾塞从这种情境中学习。首先，应该尝试让斯宾塞认识到出了什么事。他可能说他想玩水枪，鼓励一下这个答案，因为它是正确的。如果斯宾塞还是说不出一个答案，试着引导他。可以教他下面的话语，“你一定是真的太想玩水枪了，但是迈克却不让你玩”。

有时，作为父母，我们需要帮孩子说出他应该说的话。气愤、疯狂、沮丧、生气和恼怒，所有这些词语是可以帮助斯宾塞表达出在他没有得到想玩的玩具时的感觉。一旦孩子认识到问题，例如，“我太疯狂了，因为我太想玩水枪了”，下一步就是找出不会导致争执发生的潜在解决方案。你可以问斯宾塞他想做什么，他可能回答，“我想拿到水枪去玩，所以我夺走了迈克的水枪”。这时，你可以问他是否有任何其他可以采取的行动。他可能需要建议，但还得让他自己解决。父母可以给些提示，例如，“你在学校的操场上和其他小伙伴玩的时候，是否需要排队或轮流玩呢”？这可能会提示斯宾塞做出回应，“我们可以轮流玩喷水枪”。

如果他提出了这个解决方案，让他知道，“你想到了一个好办法”！你应该赞扬他解决问题的过程。他在这个问题上做了一些思考，这个过程是父母应该表扬的，可以强化他在遇到障碍时去思考其他替代方案。也很有可能斯宾塞会得出类似于“我们不要再邀请迈克了，我不喜欢他”这样的答案，这时应该提示他，并对他说，“如果你不跟迈克一起玩，那么你今天会做什么呢”？问这些问题旨在让斯宾塞思考。斯宾塞可能想出来了，“我是想单独玩水枪，而不是和迈克一起玩”。或者“让我们丢掉水枪，去玩别的东西吧”。不管他的回答是什么，这将打开你和孩子之间的更多对话和头脑风暴。

下一步是研究每个解决方案将如何结束。斯宾塞的第一反应是说他想玩玩具，所以去夺朋友的玩具了。那么，可以问他，迈克最终哭了，游戏时间也即将结束，这是否真是斯宾塞想要的。他的小头脑会意识到，这可能不是他想要水枪的最好的解决办法。太多的混乱随之而来，他不能再开心地玩喷水枪了。那么，接着看下一个轮流玩水枪的可能的反应。这一次希望斯宾塞会意识到，如果他可以等待轮流玩水枪，就有可能有水枪玩具玩，而不是在和他妈妈谈话。这个解决方案的价值可能会更大。

另一种可能性是不再邀请迈克，这是你想跟斯宾塞谈一谈的最后一个解决方案。问他如果迈克不过来和他一起玩，会发生什么事情。也许他会坐在书房里独自玩耍或看电视。你可以问斯宾塞，“那样的话，对你来说是更好的解决方案吗”？你想让斯宾塞找出各种方案中最令他满意的结果，现在可以问他哪种解决方案对他来说最好。很有可能他会说，“我想我们可以轮流使用水枪”。那么，下一步是执行落实解决方案并测试结果。如果解决方案运行良好，强化解决问题的过程，提醒斯宾塞，他用自己的思考解决了他所遇到的两难困境，真是好样的。

当他们正在形成是非观念时，积极强化正确的方面是至关重要的，特别是在早期年龄段。如果这个解决方案执行落实得不是很好，父母可以介入，看看斯宾塞是否想尝试另一种他自己想出的解决方案。假如迈克是真的不想让斯宾塞玩他的水枪，现在父母可以问问斯宾塞，他应该做什么。不是迈克的妈妈应该做什么，也不是斯宾塞的妈妈应该做什么，而是斯宾塞应该做什么。“让我们放下水枪，一起去玩球吧”，“好吧，斯宾塞，你为什么不试试这个解决方案呢”？这个练习的重点是让孩子们自己独立思考，而不是让父母们急于解决问题，但是父母通常会帮助孩子解决问题，只是为了简单快速地平息争执。

这些在儿童生活中发生的日常事件，应该被看作是学前的孩子学习解决问题的技能的方式。生活中不是每个小插曲都会成为解决问题的一个训练场景，因为它可能是耗时的，但它有利于父母理解，如何利用这些看起来让人产生无休止的挫折感的情景来建立孩子的各种技能。

我们应该用这些基本的步骤教育我们的学前儿童解决成长早期的问题，这些基本步骤可以用于解决任何困难或者障碍的流程。那就是，首先识别问题，然后找出潜在的路径跨过障碍，接着思考每个解决方案可能的结果，最后实施解决方案。

在上述情况下，大多数父母会倾向于干预两个小孩之间的争端。迈克哭了，迈克的妈妈会自然地安慰迈克，斯宾塞的妈妈将会训斥斯宾塞。下一个场景将是斯宾塞的妈妈要求斯宾塞道歉，并让斯宾塞把玩具还给迈克。斯宾塞没有机会想出一个更好的解决方案，因为他的妈妈已经为他处理了所有的事情。

父母必须把这些日常生活场景作为帮助孩子独立思考的方式，并停止为孩子包办一切事情。问题是学前儿童日常生活的一部分，虽然都是小事情，但都需要解决。如果一个孩子在解决问题时遇到困难，而父母却帮助孩子找到了问题的解决方案，那么当孩子遇到障碍时，他将失去信心，并陷入总是需要帮助的模式。这将成为一个既定的事实，这个孩子将成为一个遇到问题不断需要别人帮助的人。

随着学龄儿童的成长，他们的学习能力也在显著提高。他们的阅读能力开始成倍地快速增长，他们的记忆力也一样。学龄儿童可以使用逻辑，认识到因果的含义。所有这些技能都在进步，并且都可以用来帮助提高他们解决问题的能力。现在他们长大了，会出现越来越多的问题。从与兄弟姐妹及朋友的争斗，到想出如何完成他们的学业，他们解决问题的能力将贯穿生活的每一天。父母必须确保孩子的这些技能被培养起来，绝不能掉以轻心。

随着学龄儿童更高级技能的发展，他们也有了更多的机会发展创造性和逻辑思维，这两者都是解决问题所需要的技能。创造性思维能让人们以不同的方式看待问题，逻辑思维可以将问题分解，并分析问题的每个部分。作为父母，你的职责就是做一个观察者和支持者——只要孩子是安全的——你就只需要看着他们如何解决问题。如果需要，并且只有在需要的时候，父母才可以提供帮助。

让我们看一个例子。米西，有一个最好的朋友叫布列塔尼，她请求米西明天帮她考试作弊。如果米西不经意地让父母知道了这件事情，这时候父母要做的不是去抨击孩子并大吼大叫，“你疯了，你知道这会给你带来多大的麻烦吗”？父母这样做的最终结果就是，孩子由于让父母知道她的生活中的隐私信息而感到孤独和羞愧。父母的负面评论最终会把孩子从自己身边推开，她将来会变得更害怕向父母表达她遇到的问题。这不是她最终想要的结果，而且这也不是父母想给她的解决方案。

这里将是父母帮助孩子构建额叶皮层来找出答案的地方。父母可以从通过问开放式的问题开始，来让米西思考。“她想要你帮助她作弊，这是什么意思呢?”记住，解决问题的第一步是识别出问题所在。要确保米西能够准确地识别出问题所在。作弊可能不是她的问题，但作弊时可能会被抓到，这可能是她的问题。她可能会想出一些很有创意的想法。“布列塔尼没有把她的书带回家学习，所以她在明天考试时需要我的帮助，可是我实在不想让老师对我发火”。或者也许她会说，“我很担心我将怎样帮助她作弊，因为我甚至自己也不确定我是否已经弄明白明天考试的内容了”。

父母要观察自己的女儿是怎样来思考这个问题的。实际问题是什么？让她来为父母定义这个问题。父母可以问一些问题来促进她有更多的想法，“你怎么看待帮助她作弊这件事？”然后让米西来思考这个问题，她的情绪可能会引导她想出几个解决方案。请耐心等待，因为父母需要成为一个好的听众，而不是迅速说出自己的想法是什么。米西提出了几个解决方案，“妈妈，我们用我的教科书一起来学习，怎么样啊？”或者也许她说，“真的没什么大不了的，明天我可以让她抄袭我的考卷。”

学习解决问题的第二步是提出问题的解决方案，紧接着下一步是看看解决方案如何实施。米西的第一种反应就对问题给了一个很好的解决方案。你可以问她第一个解决方案是如何执行的。布列塔尼和米西怎么才能聚到一起？让米西完全主导这个问题。她们可以使用视频一起学习吗？有人需要开车来回往返吗？米西想出的解决方案要包含所有细碎的事情，这些都需要放在一起才能去执行她的解决方案。

现在让我们回到她的第二个解决方案，就是让布列塔尼抄袭她的考卷。父母可以问米西这样做可能的后果是什么。“我们可能不会被抓住的。”作为父母，我们需要帮助孩子从此事当中汲取教训，即使她遇到麻烦。接着问她，“如果你被抓住了，你会有什么感觉？这样做值得吗？”很可能，米西会因为想到惹上麻烦而感到不舒服，从而想出一个替代的解决方案。那么，激励她开动脑筋思考，让她负责提出方案并执行方案，并确保她考虑了她的解决方案可能产生的后果。所有这一切都是为了让她去尝试尽可能多的道路，这就是怎样解决问题的步骤。

随着青少年时代的到来，更多的挑战引起了人们的关注。互联网已经发展成为人们的“第二父母”，拥有所有的答案，包括青少年认为他们可能需要的任何指导，比如如何修复损坏的台灯，如何绘制房子，哪里能买到最好的牛仔裤，或如何成为生物学家——只要输入问题，所有答案立即出现。由于有可能在短短几秒钟内就可以排除任何疑问，所以，确保建立牢固的解决问题的基础是非常重要的，因为停止思考的诱惑时刻都在。

青春期大脑的发育还没有完成，并且主要由杏仁核控制（杏仁核是大脑的一个区域，控制人的本能、恐惧和攻击）。青少年更容易不加思考就行动，卷入打架斗殴，惹出各种事故，误解各种社会现象，并且胆大鲁莽爱冒险，这些都不会让人觉得惊讶。所以，现在比以往任何时候都更重要的是，发展青少年的问题解决能力。我们最不愿意看到的就是有更多缺乏问题解决能力的人遇到障碍，并绕过它。

由于手机和互联网的出现，青少年通过给父母打电话，或者通过网上搜索寻找答案，就可能立即解决他们的问题。由于父母经常负责帮孩子解决问题，所以只要青少年一旦给父母打电话，在青少年还没有完全告诉父母出了什么问题之前，父母就已经告诉青少年答案了。所以，青少年再也没有机会在不使用搜索引擎或电话的情况下，尝试找出或想出一个解决方案了。

青少年可能会打电话给他的妈妈，因为他忘记了带午餐，而且没有钱购买午餐，妈妈马上去和他一起吃午餐，他失去了在没有妈妈来援助的情况下，如何解决吃饭问题的机会。他其实不会挨饿，他本可以决定从朋友那里借钱，甚至可以请求朋友今天和他分享一些食物，让他度过这一天，但他却立即去找妈妈解决这个问题。

还有一个年轻人可能把教科书忘到家里了，他打电话让爸爸给他带过来，这立即缓解了他的困境。手机给了青少年与可以急速解决他们问题的人迅速联系的能力，而不是让他们自己来解决问题。特别是如果青少年不愿意解决这些问题时，他们将打电话让他们的父母解决出现的每一个小问题，因为他们没必要挑战自己去解决问题，在电话的另一端，妈妈或爸爸已经知道怎么解决问题了。这在青少年解决问题的能力方面，留下了一个大空洞，让我们来填满这个大空洞吧。

儿童使用的解决问题的简单框架仍然适用于青少年，但可以更加详细地去阐述，因为青少年的大脑能够在更高层次上理解和分析问题。当谈到更加成熟的大脑解决问题所涉及的步骤时，许多心理学家提到了解决问题周期这个概念。分解开来看，这些步骤仅仅是更小一点的儿童所采取的解决问题步骤的一个延伸而已。

第一步总是“识别”出问题，这意味着首先得确认一个问题（例如，我的车坏了）。第二步是定义问题是什么，或为什么会有这个问题，从不同的角度观察问题，或把问题分解成更多的细节问题

（例如，它坏了，因为我整夜都开着车灯，所以现在电池坏了）。下一步是组织所需要的信息，找出不同的方案来解决问题（例如，我可能需要跳线电缆，但是我有跳线电缆吗？我需要打电话给修理工吗？如果没有足够的钱去叫一个修理工，我应该向别人借用电缆吗？），这将影响下一步形成的计划，即你解决问题的战略（例如，我首先会问建筑队队长，看他是否有跳线电缆，如果没有，我会请求我的朋友借钱给我支付修理费）。然后需要实施计划，例如，通过找到钱、物和人来提供帮助，以及实现解决方案所需的时间。

然后，父母需要监控解决方案的进展，最后一步是评估最终结果。当教导青少年如何解决问题时，并不总是需要经历所有的步骤，因为有些问题比其他问题更容易解决，但重要的是，当遇到更高级的挑战时，要确保青少年掌握解决问题所需要的所有步骤的框架。父母需要成为老师、观察者、支持者、协调者和倾听者。

让我们举个例子，一个 11 年级的学生萨丽，由于在曲棍球队中错过了太多次训练，她被暂停参加曲棍球队比赛。她是一个成绩为 A 的优秀学生，希望去美国常春藤盟校就读，所以，暂停参加曲棍球比赛这件事情，令她悲痛欲绝。父母可以和萨丽坐下来，一起促成解决问题的策略。父母不要坐下来就说，“你在想什么？”父母还要避免使用诸如“你应该有……”或“你为什么不……”这样的指责性言语，关键是使这次对话变得有用且可以让萨丽制定出解决问题的策略。

重要的事情是——首先要确定待解决的问题是什么。要让萨丽识别出确切的问题。一些 11 年级的学生可能不认为暂停几次曲棍球比赛是个问题，但萨丽显然为此很受挫。她可以依靠她的曲棍球技能进入常春藤大学，所以，这次停赛对她来说是个毁灭性的打击。萨丽说："问题是我被暂停参加曲棍球队比赛了，妈妈!"这个问题很容易识别出来。

现在你可以帮助萨丽定义问题或者把问题分解成更多细节的问题。我们知道，暂停参加球队比赛是个问题，但需要做更多的定义，因为最终的结果只是暂停。你可以综合运用创造性思维和逻辑思维，让萨丽把问题转化成其他的语言。"我在 AP 英语课上遇到了麻烦，所以在课后我一直留在课堂上补课，这影响了我的曲棍球练习。"这样，问题就被确认下来了。

通过从不同角度观察，我们现在已经识别并定义了这个问题。由于错过了太多次训练，萨丽被曲棍球队暂停比赛，根本原因是她在英语课的学业上遇到了麻烦。在这里，父母的职责是倾听和支持，让萨丽在这个问题上形成更多自己的想法。"我错过了一些家庭作业，这使我没有赶上课堂的进度，所以，我在课后需要一些额外的帮助。"我们已经确认，萨丽错过了曲棍球训练，因为她的英语课一直需要得到额外的帮助，更是因为她由于错过了家庭作业而没有赶上课堂的进度。通过使用创造性思维和逻辑思维，问题已经被识别和定义。

现在需要寻求一些可能的解决方案。由萨丽来决定并确认下一阶段解决问题的可选计划有哪些，并选择其中一个计划，然后她需要实施她的计划。父母可以询问，“接下来做什么呢”，这能避免给萨丽解决问题的答案。我们知道可以做什么，但这是青少年的工作，应该由他们想出一些可能的答案，但父母的引导就是要解决问题并开始对问题进行微观管理，这是太多父母都情不自禁想做的事情。当他们看到孩子陷入困境时，就会立即感到有必要帮孩子解决这个问题。这不是父母应该做的！相反，父母应当等待响应。父母做一个好的倾听者和观察者，对萨丽来说可以提供更好的帮助。作为父母，你必须做的事情就是，闭嘴，聆听。孩子自己会想出解决的办法，如果确实有必要，你可以做一点小提示。

“我可以不再漏掉家庭作业，这样我就不会在课堂上落后。”第一个解决方案是语言表达，它恰恰是一个很容易实现的解决方案。积极的强化是必需的，因为你希望萨丽感觉有能力完成。你要赞美她解决问题的过程。她想出了一个解决方案，也可能会想出更多的办法，因为她对想出第一个解决方案感到很高兴。良好的情绪和积极的反馈将会增强解决问题所需的自信心。

“我可以在早上学校开始上课之前努力补习，这样也就不影响曲棍球练习了。”她提出了第二个解决方案，这也是一种可行的方案。现在可以问萨丽是否可以实施此方案及如何实施此方案。她需要做什么才能早点到学校？她需要依靠别人带她去上学吗？实施的细节需要解决。一旦萨丽知道她怎样能够早点上学，并能够不再漏掉家庭作业，她将解决错过曲棍球训练的问题，并避免将来暂停参赛的可能。这个问题是由萨丽自己解决的。父母没有跳进来拯救萨丽，但能够引导、倾听、观察和支持她，以最大限度地利用这个机会，让萨丽解决问题的技能得到一个锻炼。

如果一个青少年开车去上学（注：此青少年已经获得驾驶资格)，并在一天结束时发现轮胎没气了，会发生什么事情呢？他现在该怎么办呢？这似乎是一个简单的问题，但怎样才能修好它，对缺乏生活技能的青少年来说是一件很难的事情。他的第一本能是叫他爸爸，青少年太倾向于让父母帮忙解决问题了，并且父母总是很快速地帮忙解决问题。如果你家的青少年年龄足够大到可以开车，他们就应该足够有能力可以维修汽车了。

如果他们因为这个太常见的问题打电话给你，你就要把他们的解决办法引导出来。“我知道这辆车爆胎了，但我正在工作，我该怎么帮助你呢？”青少年的反应将会很恼火，“我需要你来修好它！”父母需要保持积极的态度，通过给青少年一些援助支持，可能会促使他继续去找出解决方案的步骤。保持冷静是非常重要的，现在是时候把球踢给青少年了。“想想你怎么能自己修好它？”一个典型的反应是，“我不能修好它，爸爸，我在生活中从来没有换过轮胎！”但是这个年轻人想出了一个解决办法，他能修好轮胎。这时候，父母要继续与他对话，记住不要为他解决问题。一个青少年完全有能力遵循所有汽车都具有的更换轮胎的指导手册来更换轮胎。另一个选择，如果可能的话，是打电话给修理工，但它应该由青少年提出这个可能的想法，并拨打电话。

接下来，让我们来看一个更为棘手的问题。如果你九年级的女儿爱丽丝，两门课程得了 F 的不及格成绩，是不是会完全彻底地吓倒你呢？显然应该需要解决的问题已经被忽视了。你作为父母，没有意识到她在课堂上挣扎，没有意识到她过去任何学业上的困难。从未允许孩子失败过的微观管理型父母，将会通过和老师通话要求一个解释，并坚持要更改成绩来进行干预。这种方式不允许孩子自己处理失败的后果，他们将错过一个学习如何解决问题的机会。

解决这个问题的方法是什么呢？首先，听听爱丽丝怎么说。让她用自己的话识别出这个问题，鼓励她从多个不同的角度来思考这个问题。她可能会说，“我数学和科学课不及格！”这很明显，但我们想从她那里听到更多。第一步已经完成，因为问题很容易识别出来。这时候，要坐下来，仔细听。如果你需要帮助她定义问题时，可以给一些提示。“你整个学期在学习上都有困难吗？”你要避免责怪她，也不要问她为什么不来找你帮忙，让她自己说出来。“是的，妈妈，我是有麻烦。”这时候，问她一些开放式的问题，以免听起来有指责性，鼓励她说出来。让她用自己的语言写下这个问题，并从不同的角度思考问题，以便她能更好地定义出问题。

她可能突然意识到，她在课堂上没有注意听课，因为她那时正在和同班最好的朋友闹矛盾。使用创造性思维使她能够以不同的方式定义问题。她开口并告诉你，和她最好的朋友闹矛盾使她在课堂上总是注意力不集中，这糟糕透了，导致她错过每节课中最难理解的部分。支持型的父母将会安慰她的女儿，让她知道父母很理解她。思考这个问题有助于确定学业失败的真正原因，爱丽丝和她最好的朋友的关系似乎是这个问题的症结所在。

现在可以轻轻地说服爱丽丝让她提出一些解决方案。她怎样才能使现状变得更好一些？她应该被允许尽其所能地去思考，分解问题并定义问题有助于使问题更加易于管理。她可以联系她的朋友，并尝试解决她们之间的不快。她可以参加所有额外的答疑课程，并做一些额外的工作，以确保她可以在下学期通过考试。在课堂上为她提供额外帮助需要什么步骤？这对她来说可行吗？让爱丽丝自己说话！不要干涉她！当她知道是她解决了自己的问题时，她会感觉超级棒的。

每天都会有一些需要解决的或大或小的问题。一个孩子能解决得有多好，取决于他们是否学会了解决问题，以及他们练习过多少次解决问题的技巧。父母必须确保他们的后代有足够的能力进入成年人的世界，他们将有机会学习如何成为一名创造性的和批判性的思考者，能够识别问题，找到解决方案，并最终能够成功地执行。

如果父母在使用生活场景教导孩子解决问题的技能方面有困难，那么有一点需要提醒的是，孩子的大脑是一块需要松紧结合的肌肉，并且可以培育成长所需的合适的大脑连接，这是科学证明过的。运用这个科学原理，我们可以教导我们的孩子关于思考问题的行为，这有助于大脑连接的增长。这样孩子可以更好地控制自己的命运。教会孩子如何解决问题，这是父母需要去做的最重要的事情之一。

第 7 步

# 做孩子学习的好榜样

不要担心孩子永远不听你的，而要担心他们总是在看着你。

——罗伯特 · 富尔格姆（Rebert Fulghum）

《在幼儿园里，我学到所有我需要知道的东西》（*All I need to Know I Learned in Kindergarten*）的作者

★

- 父母要以身作则。
- 孩子一直都在看着你。
- 孩子会模仿你的所作所为。

你想让孩子怎么做，你就要怎么做（以身作则）。父母理解这一点并铭刻在心极其重要。孩子永远在看着你所做和所说的一切。你的女儿渴望像你一样：她想穿妈妈的衣服，像妈妈一样化妆，像妈妈一样去工作。你的儿子想要像爸爸一样刮胡子、打棒球和做饭。孩子的眼睛不断地盯在我们身上，我们需要确保我们“做的是正确的”，因为孩子会模仿父母做大多数事情，不管好的还是坏的。

你在说某些话或做某些事的时候，有没有意识到你的言谈举止很像你的爸爸或妈妈？你可能使用了一个你父母经常使用的句子，或者你对问题的处理方式和你的父母一样。有时候，按照父母曾经的言行举止行事会简单易行。当你的话从你的嘴里说出来时，当你对出现的事情做出反应时，或者当你认出了你妈妈在和朋友交谈的时候所做出的手势时，你就会产生似曾相识的感觉。此时此刻，你意识到你已经变得和你的父母很相似了。当你变得和你父母一样的时候，可能会产生好的感觉，也可能是不那么好的感觉，但这都需要花时间来消化。

有时候你会有一种可怕的感觉，就是当你对自己的孩子喊叫时，你突然意识到你妈妈曾经对你说过的话语竟然从你的嘴巴里咆哮出来了。所以，你发誓永远不会在你孩子身上使用这些话语。或者，也许当你不小心打翻了一杯水时，你妈妈曾经用那种平静舒缓的方式对你说话，也从来没有让你感到一点点沮丧和难过。作为一个孩子，你从来没有意识到，你每天都在学习父母的行为，但是作为一个成年人，你应该意识到这些行为会对你的生活，尤其是对你的孩子会造成很大的影响。

也许你养成了好习惯，也许你养成了坏习惯，但可以肯定的是，你在不知不觉中习得了父母身上的一些行为。因此，作为一个父母，在任何事情上都确保树立好的榜样是多么重要！从做饭到工作到锻炼，再到良好的自我感觉，以及和朋友交谈，和家人独处的时间——这一切都在孩子的眼中，被观察、被模仿、被学习。

养育孩子，有很大一部分工作就是要树立一个好的榜样，所以，你需要确保你自己所倡导宣扬的事情，一定要身体力行。孩子从出生的那一刻起，他们的行为就被打上了父母的烙印，他们想成为与爸爸妈妈一样的人。现在你有了一个新宝宝，是到养成一些好习惯的时候了，也许你需要改掉一些坏习惯，这样你就可以更好地影响你的宝宝了！

仅仅听一听哈利·查宾（Harry Chapin）的那首歌曲《摇篮里的猫》，就可以了解树立榜样有多么的重要。这首歌的背景故事是一个年轻的父亲，为了养家糊口和支付各种账单而努力工作。当儿子学走路时，他出差去了，错过了这个他生命中的大事。然后，这位年轻的父亲给儿子买了一个新球，但又因为太忙了，而不能和儿子一起玩。如同每个小男孩一样，儿子不断地向父亲许诺，说他长大后要像父亲一样。然而，父亲却因为工作耽搁了孩子宝贵的成长时间，并因为工作感觉身心疲惫，所以也没有与他的儿子一起度过有质量的时间。这位父亲完全没有意识到他作为一个父亲的缺点在哪里，因为他一直忙着做一个物质方面的提供者。

现在，儿子成年后，父亲终于有了陪儿子的时间，并愿意花时间和儿子待在一起。但是，当儿子从大学回到家里，父亲要求和儿子在一起的时候，儿子宁愿借汽车钥匙出去兜风也不愿坐下来和父亲说话。他为成长中的儿子树立的榜样是那样一个努力工作的父亲，他从来没有时间陪自己的家人。现在儿子长大了，有了妻子和孩子，他父亲给他打电话要求和他待在一起，但是这一切已经太晚了。他的儿子变成了他！他的儿子也成为一个勤奋工作的人，也从来没有学会如何抽出时间和家人在一起。

当儿子还小的时候，父亲本来可以为他的儿子树立好的榜样，但现在为时已晚，因为他的儿子现在是一个成年男人了。以至于可能没有时间陪伴父亲了。为了防止这种事情发生，你就需要确保要花时间高质量地陪伴孩子。这意味着每天要计划至少有一段时间陪孩子，让你的孩子知道这段时间他和父母在一起。这必须持续贯穿他的整个童年时代。我们强调的是质量，而不是数量。

研究表明，相比上班的父母，留在家里的父母花在有质量地陪伴孩子，并和孩子进行互动的时间更少。留在家里的父母，典型的一天会涉及许多任务和家务，虽然孩子大部分时间跟父母在一起，但这不是真正有质量的陪伴时间。

一个一整天留在家里的父母，很容易会觉得自己整天都在关注孩子的需求和想法。所以很自然的假设是，孩子从父母那里获得了巨大的关注和有质量的陪伴时间。然而，仔细观察这一天，很明显的是，实际上父母并没有花多少时间和孩子进行令人兴奋、积极正向的交流互动。

让我们仔细看看。在一天的开始，爸爸或妈妈忙着做早餐，而孩子在看早晨的电视节目（孩子小的时候应该严格限制其看电视的时间）。妈妈或爸爸之后需要做家务，包括洗衣服、擦地板、付账单、打扫院子，等等。接下来可能是为旅行购买食物、衣服或其他家庭用品。一旦购物完成了，可能会有一些空闲时间去和朋友见面，一起玩一天。妈妈们趁着孩子在玩耍的时候互相交流。朋友间的拜访结束后，又到了做晚餐的时间了，电视又被打开了。而工作的父母回到家里，晚餐过后，晚上剩余的时间用来餐后清理，然后准备让孩子上床睡觉。

这一天似乎满是孩子和父母在一起的时间，但这些时间父母却用来做其他优先的事情了。父母是和孩子在一起待了一整天，但并没有意识到他们所做的只是在命令孩子，告诉他们在这一天要做什么事情，甚至还可能不断地训斥孩子。

爸爸妈妈需要确保与孩子一起度过有质量的时间。这意味着没有分心，没有电话，没有电视，没有其他人在房间里把你的注意力带到孩子以外的地方去，这是一对一的时间。这就是孩子茁壮成长的原因！有质量的时间没有必要持续好几个小时。它可以很短，短得可以是吃一小口东西的时间，但是你唯一关注的应该是与你的孩子互动。这可能意味着涂颜色，到处扔球或者玩装扮游戏。不管是什么活动，它意味着你在花时间和你带到世界上的这个小人物交谈，并了解他。问问他们喜欢什么，他们这一天过得怎么样，或者他们在学校里做了什么，或者他们和谁一起玩了，或者老师对他们说了些什么。正是这些有质量的陪伴时间，将会对孩子的生活产生很大的影响。

整天在外工作的父母，回家后花费一天的最后一个小时完全集中在他们的孩子身上，这比整天在家与孩子待在一起的父母，通常度过的时间更有质量。记住，有质量的时间是指所度过的时间有丰富的情景及交互，而不是指度过的时间有多长。理想情况下，工作的父母应该在每天结束时留出时间和每个孩子单独相处。这可以让每个孩子都能谈论他们一天发生的事情，而不用和另一个孩子竞争。

通过和孩子一起度过重要的时光，你就在家里树立了榜样。它还让你有机会更好地了解孩子的生活中都发生了什么，即使这仅仅是你两岁孩子的体操课。这就是你想传递给孩子的信息，而不管你的孩子有多大。如果你是那样的父母，总是特别忙，不能坐下来和孩子一起看书或者玩球，那么她在长大后也会变得和你一样。

所以，父母在生活中要以身作则。如果你告诉你的孩子吃掉他的蔬菜，那么你最好确保你也在吃那些蔬菜。你永远不要指望你的孩子去做一些你不愿意做的事情（己所不欲，勿施于人）。当我建议孩子合理饮食的时候，我要先确保父母会参与到健康饮食的行列来。如果父母准备一顿蔬菜餐，期望孩子吃而自己却不愿意吃的话，这怎么可以呢？

这是一个矛盾的情境。作为一个成年人，如果你不吃蔬菜，说明你自己不重视蔬菜在疾病预防上的价值，所以，如果你自己不摄取蔬菜，而试图让孩子吃，那么你将为自己设定一个非常困难的任务。除了孩子，没有什么能给你提供更好的动力了。如果你吃水果和蔬菜，就可以给孩子吃健康食品提供更好的机会，那么为什么不这样做呢？

定期锻炼是另一个好的开始。你可以带着你的孩子散步或者慢跑。甚至你或者保姆阿姨带着孩子去健身房也是一种很好的教孩子开始锻炼的方式。这对你来说似乎看起来太幼稚了，但是当谈到教你的孩子形成良好的习惯时，没有什么是太幼稚的。他们一直在吸收和消化你周围发生的一切。最基本的健康习惯之一就是锻炼身体！

获得足够量的体能运动是拥有和保持健康的重要组成部分。父母必须在孩子身上培养这种习惯，但是如果父母不参与运动，这种习惯就不太可能了。想象一下，当你在家看电视或玩电脑时，却告诉孩子要出去做些运动，为什么孩子应该出去锻炼，而你却在家里待着？

一起做有趣的家庭锻炼活动是培养孩子好习惯的方法。从骑自行车到长时间散步，从去公园游玩到游泳，都是为孩子树立好榜样的例子。整个家庭一起来做这些活动，不仅有利于每个人的身体健康，还有一个额外的好处，就是促进家人之间形成良好的亲密关系。

看电视或玩电脑的时间需要控制多长比较合适呢？请尽量不要再看电视或玩电脑了，取消那些无用的消磨时间的方式吧，做更有创意的父母，它会帮助你的孩子更好地发展。

你的孩子会变得很像你的样子，不管你喜欢与否。即使你试图教育他们不要像你一样，但很有可能他们最终还是会像你一样。

# 第8步

# 不能毫无节制地满足孩子

你的孩子不会因为你提供外在的物质而记住你，而会因为你呵护他们而铭刻在心。

——理查德 L·埃文斯（Richard L. Evans）

《理查德 L·埃文斯语录》（*Richard L. Evans' Quote Book*）

★

- 停止用物质过分溺爱孩子。
- 被宠坏的孩子以自我为中心、贪婪，并难以拥有正常的人际关系。
- 被宠坏的孩子不会去努力获得成功。

很难想象，那些选择不断满足孩子“内心欲望”的父母更容易伤害孩子，而不是帮助孩子。每个父母都渴望体验孩子快乐和微笑时那种愉快的感觉，并且更加美妙的是，父母也报之以微笑。他们的本意可能是好的，但是溺爱孩子真的能使孩子满意吗？尽量满足孩子的要求真的是个好主意吗？

没有父母希望看到孩子悲伤，当每个人都背着最新的、最酷的背包行走时，他们也希望在其中看到自己的孩子。想到孩子通过了他的驾驶考试，却是唯一没有驾驶过新车的，父母就感到无法忍受，所以父母决定必须给孩子一辆全新的汽车，以免他觉得被朋友排除在外！你的女儿想要新的价值150英镑的牛仔裤，因为每个人都在穿，这很难说“不可以”，因为她说，“除了我，每个人都有，妈妈”。你上幼儿园的孩子和你一起去商场购物，他睁着蓝色的大眼睛，迎着大笑脸问道：“爸爸，请你给我买这个很酷的玩具车好吗？我很喜欢这辆玩具车，求你了。”对于这种情况，爸爸也很难说“不可以”，并让他的“小笑容”转变成“小苦瓜”。

类似以上这些事情的清单无穷无尽，但在某种程度上，购买狂潮已经使得当代的许多孩子变得娇生惯养、物欲至上，他们不懂得感恩和感激是什么意思。研究已经表明了父母溺爱孩子的最终结果是什么，所以是时候减缓父母在孩子物质需求方面的支出，并让孩子们通过努力工作来满足自己的物质需求了。

在美国，婴幼儿的父母每年在孩子玩具上的花费为33亿美元，而世界上的玩具消费中超过40%来自美国，尽管美国儿童人口只有不到世界儿童人口的4%。

一个更令人不安的统计数据是，尽管房地产市场、股票市场和几乎所有其他行业的经济都在下滑，在这个经济衰退高峰时期，玩具销售仍在增长。美国的父母似乎有一种不可抗拒的冲动，要尽可能多地给孩子买玩具，即使他们买不起玩具，他们的孩子也会得到它们。今天的国家比70年前更加富裕，父母自然想要放纵自己的后代，但正如这本书中反复出现的主题，钟摆已经摆得太远了，这一代人变成了“我能得到我想要的一切”的一代人。

当一个新生儿出生时，没有人比父母更愿意用玩具和衣服来宠爱这宝贵的新生命了。父母想知道哪些玩具最适合激发孩子并帮助他发展，所以他们为购买玩具付出了大量的金钱，这将“发展孩子的感官”。甚至在孩子出生之前，父母就用玩具装满了玩具箱，在孩子出生以后，成堆的玩具还会不断地被买回来。在你还不了解每个玩具时，孩子房间里就已经堆满了太多的玩具，所以不可能把它们都记录下来，因为它们已经被埋藏在了有大堆玩具的壁橱里、玩具盒里和玩具架子上。因为有如此多的玩具，很有可能很多玩具从来没有被使用过。据统计，有超过 30 亿美元的玩具在购买后并没有被使用过。

当发现拥有所有的这些玩具对宝宝的成长没有帮助时，父母们可能会感到惊讶，尽管玩具厂商不这样认为。看一看 3 岁的索拉在她的生日聚会时的场景，她坐在一堆礼物中间，礼物几乎已经把她的身子全埋住了。她的兴奋有目共睹，她开始打开她的礼物。第一个是一套娃娃，她欣喜若狂。她开始和它们玩，但很快被下一个打开的玩具吸引了过去，这是一个婴儿笔记本电脑，可以玩文字游戏和拼图谜题。她兴奋加剧，因为下一个玩具也打开了，还有下一个和下一个……

一个接着一个，这些玩具被打开并搁置在一边。她还收到一些新的、漂亮的衣服，它们也被打开并被扔在地板上，索拉对这些新衣服没有兴趣，因为她的新衣服已经装满了整个衣柜。在这个时候，索拉坐在十几个玩具中间，她不知道该玩哪个玩具，因为选择实在太多了。相反，她站了起来，开始拿起玩具包装盒上的所有包装纸在地板上玩。

这是许多父母可以联想到的常见场景。孩子有太多的选择，这会造成太多的刺激和分心，以至于索拉无法专注于任何一个玩具去玩。“玩具超载”的现象发生了，这对孩子一点都不好。任何父母都难以想象，一两个玩具对孩子都已经足够了。这不包括书籍，因为书籍总能激发人的心灵，可以作为孩子与父母互动时间交流的焦点。即使在孩子可以阅读之前，父母看到孩子们翻阅书的页面并随之为孩子讲述自编自演的故事，以便增强他们的想象力和创造性也是很不寻常的。

然而，当孩子有太多的玩具时，他们实际上玩玩具花的时间比只有几个玩具的孩子更少。当玩具较少时，它迫使孩子学会玩耍。当只有一个球或者一些废弃的纸板盒可以玩时，孩子能够发挥出疯狂的想象力。他们可以建造堡垒和藏身之所，且彼此之间可以互相交流，而不是有15个玩具可供选择，但没有一个玩具需要很多想象力。当拥有大量的玩具时，他们也倾向于更多的独自游戏，而不是互动游戏。

当有太多选项时，父母也将花更少的时间与他们的孩子进行一对一互动。因此，减少我们的孩子收到玩具的数量是一个好主意。一位养育了四个女孩的母亲说：“我让孩子们在生日聚会时挑选出两个玩具。其余的我送回商店，并把退款放到她们的大学基金里。”这种购买方式可能做起来很有难度，但是对她的孩子们更有好处。

溺爱孩子的原因之一似乎是父母的过度操劳和疲惫。父母离家出去工作，为家里人提供生活所需，回家后，他们太累了而不愿意说“不可以”。你可以说“是的，你当然可以有一辆新的玩具卡车”，这相对更容易些，并且当看到孩子的笑容时，这就意味着他很安静、很满足。或者你可以说，“不可以，现在你不能拥有那辆新的玩具卡车，但也许在你生日的时候可以有”，然后你会不可避免地听到呜咽声，并看到孩子悲伤的脸。

另一个可能导致溺爱孩子综合征的因素是父母因在外工作而感到内疚。许多父母会感到内疚，因为他们不得不花很多时间离开家去工作，从而远离他们的孩子，所以他们试图补偿孩子，满足孩子所要求的一切。他们努力让他们与孩子一起度过的每一刻都尽可能愉快，并通过答应孩子让孩子高兴！但最终的结果是孩子期望得到他要求的每一件东西。这让他的大脑习惯于一看到某些东西，就要得到它，这不是我们想要让孩子培养的习惯。

让我们来看看 9 岁男孩乔治的故事。乔治有着慈爱的父母，他们都是在外工作的律师。父母在工作中花费了很长时间，有着典型的父母内疚感。因为每天当乔治从学校回家时，他们都不能回家。乔治其实真的很幸运，因为他每天都能见到他的奶奶。奶奶会在乔治家里和他共度几个小时，直到他妈妈下班回家。一旦妈妈回到家，她所有的注意力都集中在乔治和他想要的东西上面。乔治有一个房间，布满了各种小玩意和小工具，这些都是像乔治这个年纪的孩子想要的。他的妈妈要确保乔治永远不会感到失望，因为妈妈觉得，“他一定每天都感觉到，当他从学校回家，我都不在那里接他下车”。尽管他的妈妈感到很内疚，但是由于她的勤劳工作，乔治已经有了一个美好的生活。

观察乔治生活中的一整天，我们可以看到他未来的生活是什么样子的。乔治想和他的朋友去游乐园，并且乔治的爷爷非常乐意去照看他。因为乔治是个饱受溺爱的独生子，所以每次骑马他都要坚持第一个上去。他的爷爷温和地提醒他要排队骑马，但乔治却不听。当乔治每次都第一个上去后，他没有注意到事实上他的朋友正在等待轮到他自己。当玩街机游戏时，乔治想要从他的朋友那里拿几张票，他的朋友不情愿地给了他一些，这样他玩游戏就可以得到最大的奖励了。当他们坐在一起吃午饭时，乔治不小心打倒了朋友的苏打水，但却不去道歉，也不承担事故的责任，并为自己辩护：“这不是我干的，这不是我的错！”

下午的时间很快过去了，是时候回家了，这时乔治想要一个冰淇淋蛋卷。他的爷爷已经目睹了孙子一整天的行为，最终说了“不可以”买冰淇淋蛋卷，他说，“太接近晚餐的时间了，我们现在就要回家吃奶奶做的晚餐”。乔治开始抱怨：“但是爷爷，我真的想要一个冰淇淋蛋卷。”抱怨随后升级成大哭大闹、乱发脾气，因为乔治从来没有被告知过“不可以”。乔治的朋友，一个小男孩正目瞪口呆地看着他那脾气暴躁、蛮不讲理的朋友，就像一个刚刚学会走路的孩子。这真的不是一个 9 岁孩子应该具有的行为表现！

这对乔治来说是多么不幸，他的行为像个典型的被宠坏的孩子。他像来自小说家罗尔德·达尔的《威利·旺卡和巧克力工厂》（*Willy Wonka and the Chocolate Factory*）中的孩子维鲁卡·索尔特一样。“我想要它，我现在就要！”乔治按照自己的方式如此无礼地要求别人，这不是他的错，因为没有人教他“不可以”这个词。乔治表现出典型的被宠坏的孩子的行为，他缺乏为他人考虑的能力，他自私、贪婪，拒绝为自己的行为负责，并且大发脾气的表现与他这么大的年龄太不相符了。

这些特征没有一个是好的，大多数父母甚至都不喜欢让自己的孩子具有这些特征当中的任何一个。一个像乔治这样的孩子，生活在一个充满爱的家庭里，每天都和奶奶在一起。他的父母没有理由感到内疚，并答应他的每一个“突发奇想”，以至于他最后被溺爱坏了。如果父母养育得当，他本来可以成为一个好孩子。但最后的这种结果比对乔治说“不可以”实在糟糕太多了。

乔治和维鲁卡·索尔特都是被宠坏孩子的极端例子，但大多数父母可能因为太过劳累，从而觉得太过内疚，这驱使他们更多时候总是说“是的”，而不是“不可以”。关键是父母要开始认识到，由于我们自己的情感因素，便屈服于孩子的突发奇想、一时兴致，对孩子会带来多大的危害啊！

采取小步骤来减少对孩子的溺爱，这需要很长的路要走。首先要让你的孩子赢得奖励，如果他们想得到其他人拥有的最新的时尚玩具，就坚持让他们花自己的钱。如果他们的存钱罐里没有钱，那就让他们开始通过在家里做家务来赚钱吧。小的起步是一种很好的方式。举例来说，如果你7岁的女儿想为她的自行车添加一个新的配件，就让她用她的零用钱来支付。这些零用钱只有在每天晚上完成清理洗碗机的家务后，才每周发放一次。如果你12岁的儿子弄坏了他的滑雪板，需要个新的，但是假期已经结束，他的生日也过去了好几个月了，那这时候他就应该自己付钱去买了。

得到想要的一切，却没有任何付出，这样的孩子往往变得对什么都漠不关心，也不心存感激。他们不珍惜他们所拥有的，因为父母可以用新的东西轻易地替换掉他所拥有的东西。而不得不工作并且存钱购买物品的孩子将更有可能对他们通过双手获得的奖品加倍爱惜。

受溺爱的孩子会过分看重金钱的价值，而很少看重人际关系的价值，更不太可能贡献社会。这个需要反复提醒：他们不太可能重视人际关系，他们的生活应该就是这个样子了。他们认为物质追求为他们带来的幸福感比与他人建立有价值的人际关系要重要得多。受溺爱的青少年往往成绩较差，更有可能在考试的时候作弊，甚至旷课，并不像他们的同龄人一样有满足感。受溺爱的青少年也不重视自己的学术成就。这是可以理解的，如果一切都帮他解决了，那么他还怎么能感觉到追求学术成功的意义呢？因为对于大多数人来说，如果他们上学就可以找到一个好工作，就可以实现自己的愿望，并如愿以偿地赚钱买他们喜欢的东西。如果这些东西他们都已经有了，那又何必费心再去工作呢？

努力工作以满足自己的物质需要是绝对没有错的，即使有时候它是无关痛痒的事情。如果你通过努力工作来赚钱买自己需要的东西，那么你就有权用钱去做任何你喜欢的事情。然而，作为父母，我们有更大的责任做对孩子来说正确的事情，这意味着不要再继续溺爱孩子了，无论这种感觉对你有多么美好。

每当我开车经过当地的中学时，停车场满是崭新的汽车，像宝马、梅赛德斯-奔驰，还有保时捷。甚至，没到法定年龄的新手司机就开上了大多数人努力一生去追求的名贵豪车。给年轻的孩子一辆全新的高端豪华轿车到底有什么意义呢？他们做出了什么成就，需要获得这样的物质奖励呢？在他们这个正值成长的年纪里如此轻而易举地给予他们任何想要的东西，我们到底是在帮助他们还是害他们呢？没有付出任何努力就获得高价值财物的青少年是不能真正理解其价值的。

研究表明，当孩子没有付出努力时，给予任何他们想要的东西，对他们来说都没有任何好处。

溺爱孩子综合征的典型缩影是，一位妈妈讲述的她的儿子在车祸中丧生的故事。她拿自己儿子的例子作为高中驾驶员教育课程的一部分讲给高中学生。她儿子死亡时没有接触酒精或毒品，只是因为一辆超速汽车。这位母亲讲述了她帅气的儿子是怎样遇难的，事发时她的儿子作为一名乘客正坐在一辆朋友超速驾驶的新跑车上。

她讲这个故事是为了给那些即将成为驾驶员的新手年轻司机在开车上路时一些现实的启示，并警告他们不仅仅是毒品和酒精，高速也可以杀人。她描述了她儿子死在一个无任何责任能力的青少年手里，这个年轻人驾驶的跑车正是他的父母给他的，他自己显然无法处理，他本不应该有任何许可权去触碰那辆跑车的。

她继续讲述这个故事。事发之后，在这位青少年不仅报废了一辆汽车，而且同时还在她的儿子遇难之后，开车的这位孩子的父母又令人惊讶地为他的宝贝儿子买了另一辆崭新的跑车。这到底是什么样的父母，以至于对他们的孩子放纵到如此的程度？

当这位母亲给读高中的青少年重新讲述这个故事时，这对她所带来的严重的情感伤害是显而易见的。虽然我们不知道驾驶汽车的年轻人现在何地，但可以极其肯定地打赌，他并不会成功。他的父母基本上把他的余生推上了失败的悬崖，而从不考虑，他必须知道他的鲁莽驾驶使他的朋友付出了生命的代价。

改变习惯很难，而疲惫、内疚的父母是控制欲很强的孩子的完美目标。父母必须先搁置自己的个人情感，想想说“不可以”会对孩子有多大的好处。关键是父母要让孩子学会如何为某些想要的东西而努力工作，而不是毫无节制地满足孩子。我们可不想要一个到处都有着像维鲁卡·索尔特这种孩子的世界。

第 9 步

# 不要和孩子做朋友

如果你想被当作妈妈对待，就表现得像个妈妈。

——珍妮特·沃尔斯（Jeannette Walls）

《半驯之马》（*Half-Broke Horse*）

★

- 父母和孩子成为亲密伙伴，这会导致孩子不尊重父母的领导能力。
- 孩子与父母成为亲密的朋友，这会成为孩子的负担。
- 父母不要像对待亲密伙伴那样对待孩子。

新一代的父母认为，作为孩子的朋友并不会带来真正的伤害，甚至可能认为，这是形成良好家庭纽带的必要条件。不幸的是，这远非事实。像对待朋友那样对待孩子的父母冒着养育愤怒、沮丧和忽视父母的孩子的风险。是的，忽视父母的孩子！父母绝对不应该花时间把孩子放到朋友的角色上。孩子需要像孩子一样被对待，而不应该像朋友一样被对待。把孩子像朋友一样对待会使他们处于一个很尴尬的境地，而此时他们并没有准备好处理与成人相关的问题。孩子太年轻，无法处理大人的问题。不管是有趣的问题还是严肃的问题，孩子都绝对不应该被放到扮演父母朋友的位置上。

想象一个场景：卡拉，一个11岁的女孩，有一个与她住在一起的最好的朋友罗拉（她的妈妈）。她们想出去看电影，并正在寻找哪部电影最好看。卡拉选了一个适合13岁孩子看的电影，但罗拉转向她说，“我们不能看这部电影，你还太小，你觉得呢？”卡拉疑惑地回答说，“哇，这没什么大不了的，你什么时候变得那么保守了呢？”于是她们挑选了另一部对于她们年龄都适合的电影，并去了电影院。

在电影院里，卡拉漫不经心地吃着爆米花，并不断地将爆米花撒在地板上。罗拉斥责她说，“卡拉，不要再邋邋遢遢地把爆米花洒在地板上了。这还得让别人来收拾，多体贴一点别人好不好？”卡拉瞥了一下罗拉的眼睛，忽略了她刚才的说辞。第二天早上，她们一起醒来吃早餐，并一起计划这一天的其他事情。罗拉提醒卡拉说，“你必须打扫完你的房间我们才可以出去，所以现在先去打扫吧。”卡拉这时候也吃饱了，她回答说：“你是什么时候变成我的妈妈了呢？如果我需要另一个妈妈，我会让你知道的，所以不要告诉我该做什么！”

罗拉为自己扮演卡拉朋友的角色付出了代价，罗拉就像一个看护人一样对待她的朋友卡拉。如果罗拉和卡拉是真正的朋友关系，卡拉是不能容忍一直按照罗拉的要求做事情的。没有人想要一个朋友大喊大叫地命令自己，甚至还作为自己的道德指南。在这种情况下，我们很容易看到，当父母扮演朋友的角色时，他们作为父母的角色将逐渐减弱。孩子将父母视为在同一个运动场上的队友，因此，到时候孩子可能会不尊重父母的意见和权威。对孩子来说，遵循父母的教导将变得更加困难，因为朋友是不应该惩罚彼此的。

朋友是指互相之间有感情，能够欣赏和喜欢彼此，当彼此在一起时感觉良好，有相同或感染对方的爱好，在需要时互相扶持，倾听对方遇到的问题，接受对方不怎么好的一面，并且在对方请求时能给予建议的一些人。

父母是指能够对孩子提供养育、教导、训练、限制、道德指南，提供食物、住所和对孩子的爱的人。朋友和父母的角色在一些细节上可能会有些重叠，但两者之间绝对是没有可比性的。例如，朋友只倾听彼此的问题是可以接受的，但父母应该做的是，在倾听孩子的问题之后，需要提供建议和指导。当孩子做出出格的事情应该受到斥责时，这不是一个朋友该做的事情，而此时父母应该为此全权负责。

朋友和父母的角色很容易划定界限，彼此负责的“工作”应该保持分离。父母可能会认为，作为孩子的朋友，应当确保他们的孩子喜欢他们。这促使许多父母模糊了这些界限，试图成为那个“酷爸爸”，和孩子待在一起吸食大麻，并且告诉孩子关于他“混蛋老板”的事情。妈妈也和她 15 岁的女儿待在一起，吐槽女儿的高中老师是多么“令人毛骨悚然”，这些都不是作为妈妈应该做的，而是属于她朋友的事情。父母错误地认为，这种视孩子为朋友的行为，将会使自己赢得“好父母”的光环，并为孩子的成长树立好的榜样。不幸的是，这样的父母与自己的孩子之间模糊了朋友和父母的角色，从而放纵了他们对自己的要求，同时也深深地摧毁了孩子的未来。

这并不意味着你不应该和你的孩子开心地在一起玩。你绝对应该使用你的双手和膝盖装扮成可供孩子乘驾的飞马，和孩子玩球，坐过山车，一起看电影，玩游戏。花时间陪你的家人是上天赋予生命的意义，我们都应该满怀热情地享受人生，但是你花时间和你的成年朋友在一起的方式与花时间和孩子在一起的方式是非常不同的。父母不应该给他们的孩子留下同伴或“平等”的印象，父母必须声称自己作为主人的角色，因为孩子们需要在规则和边界当中茁壮成长。

让年幼的孩子谈谈他的经历，搞明白他一天的生活细节，这是父母的工作。倾听孩子的声音，让他们表达自己，是孩子成长的一个关键部分——它让孩子体会到一种你在意他的感觉，这对培养他们的自尊心和安全感很重要。和蔼可亲和平易近人是育儿工具箱中的宝贵工具，这意味着你的孩子应该感觉到你的心扉对他们来说始终是敞开的，和你交谈是安全的，没有什么后顾之忧。但这并不意味着你的孩子可以使用不恰当的话语打断你的谈话，也不意味着他可以说一不二，或者不计后果地告诉你任何他想要的。

以哈利为例，一个健康爱闹腾的 8 岁男孩，放学回家后告诉他的爸爸，“我今天打了保罗的鼻子，因为我们在公共汽车上时，他撞了我一下，所以我打了他。公共汽车司机也没看到，所以我也没有遇到什么麻烦。”爸爸回答说，“你是用了一个左勾拳还是上勾拳？哈！我跟你开玩笑的”他的爸爸就这么说了一下，然后就再也不谈这件事情了。也许他的爸爸为此感到骄傲，他的儿子可以出拳打架了，也许他很高兴儿子不是被别人打了鼻子，或者他觉得自己的儿子变得有力量了，表现得真像个“男人”。

不管什么情况，他的爸爸在这种情况下是以朋友的身份回应自己的儿子的。他不是询问哈利是不是瞧不起这个年轻男孩，也不是详细了解儿子当时发生了什么，而仅仅是以开玩笑的口吻谈论当时的情况，他让一个极好的教育儿子的机会溜走了。他的爸爸需要冷静深入地了解这件事情，而不应该只是开个玩笑就草草了事。

在孩子的成长早期，他们会遇到自己不喜欢的孩子，这时候父母应该在那里指导他们。有时候，我们不喜欢某人，“仅仅是因为……”，然后就脑子空白没有下文了，但大多数时候，需要有个人提醒一下我们，是我们不喜欢我们自己的某些东西才投身于到别人身上。哈利的爸爸本来可以要求他的儿子尝试一下，想想为什么他不喜欢保罗。当哈利试图给出一个理由的时候，这可以让哈利的大脑因为多思考而成长一点。他可能什么都不知道，并且可能会耸耸肩膀说，“我不知道”，或者他可能会说：“爸爸，他真是一个卑鄙的家伙，他在公共汽车上欺负其他的小孩子。”

不管哈利给出什么理由，那都是他的理由。然后，他的爸爸可以好好帮助哈利分析一下这件事情，帮助哈利想出办法来更好地处理下一次的问题。作为谈话的开始，他的爸爸可以告诉哈利：“在你的生活中会遇到各种各样的人，你不能只是因为他们撞了你一下就去打他们每个人的鼻子”。对于这件事情，紧接着下一步应该让哈利回顾这个教训，看他如何把这种情况处理得更好一点。他的爸爸可以带他去解决问题：定义问题，给出可能的解决方法（不包括打别人的鼻子），并去执行。因为哈利的爸爸试图成为那个“酷爸爸”，所以哈利失去了从这次经历中学习的机会。

迈克尔是一个 13 岁的男孩，他一直是一名好学生，有很多朋友。最近，他一直在学校里闹事，一周内被罚留校两次，因为他对着数学老师讲粗话。校方建议他和学校的心理治疗师谈一下他为什么在学校这样做。学校心理治疗师在对迈克尔进行测评后，诊断他患有抑郁症。心理治疗师建议迈克尔来做常规治疗，因为他确实产生了心理问题，需要治疗。

当治疗师开始尝试和迈克尔融洽友善地沟通时，他注意到，迈克尔极其随便，一点都不尊重治疗师，总是叫治疗师的名字，尽管他被要求不要这么做。心理治疗师还指出，迈克尔在整个谈话中使用了过多的粗话、脏话，而似乎不管这些言语有多么地冒犯一个成年人。

心理治疗师开始意识到对迈克尔来说可能发生了什么，于是他开始问及关于迈克尔与其父母日常交流互动方面的一些更直接的问题。迈克尔告诉心理治疗师，“我的父母是最伟大的父母，我爸爸就像我最好的朋友，他真的很酷。”心理治疗师继续问一些更具体的问题。“你爸爸是你最好的朋友，能说一下具体是什么意思吗？你在学校没有朋友吗？”他回答说：“不，当然有啊。但我爸爸，他是我真正的伙伴。他从来不对我大喊大骂，他让我想说什么就说什么，想做什么就做什么，对于我的那些狗屎般的小事情，他让我自己处理，他从来不管。你知道的，他真是一个超酷的爸爸。我所有的朋友都希望他们有一个像我爸爸这样的父亲。”此时，心理治疗师已经弄清楚了问题的根源。

迈克尔在他父母是他“朋友”的环境中并没有健康茁壮地成长。他仍然渴望纪律约束、方向指导和边界限制，尽管他没有明显地意识到这些。他感到孤独，因为他缺乏领导者的指引。多年以来，他的父母像朋友一样对待他，这让他感到沮丧失望，所以他才表现出现在这个样子。当父母是家庭的领导者时，孩子会尊重他们。孩子也将学会如何像尊重父母一样尊重其他的成年人，并感觉到安全、有保障。如果父母继续作为孩子的朋友，孩子不仅难以理解如何与成年人进行日常的互动交流，而且在这种情况下，孩子会觉得他们无助地行走在没有方向的圆形道路上。

孩子会觉得所有的成年人都是他们的朋友，并以朋友的方式对待对方。如果父母允许孩子对他们直呼其名，这将成为一个约定，他们会觉得对其他成年人直呼其名也完全没有问题，尽管没有被其他成年人允许这样做。如果父母允许孩子对成年人使用粗言秽语，并且不纠正其行为，甚至通过辱骂、诅咒、引诱和哄骗来鼓励其行为，那么当他们在学校里对老师表现出同样的行为时，就不值得大惊小怪的了。这些都是他们从父母那里学到的，这不是他们的错。把孩子当作朋友对待只会长期不断地伤害他们。让你的孩子知道他或她不是你的同伴，并确保其遵守恰当合理的规则约束，这有助于避免类似的误导行为。

有些父母甚至没有意识到，他们表现得更像是孩子的朋友而非父母。一些简单随和、无拘无束的青少年，在学校表现得很好，并且在没有被要求的情况下也在家里四处帮忙干家务，这些青少年在过去可能需要很少的规则约束，同样也使父母的生活轻松舒适。这些父母可能倾向于“放松”对孩子的管教，更多扮演的是孩子的朋友。

如果你作为父母，一直走在与你的孩子成为亲密无间的朋友之路上，现在改变方向也算是“亡羊补牢，为时不晚”。当你的女儿从学校回家，抱怨说：“学校里的着装规范真是愚蠢，让我都不能穿自己的露腰T恤了。”这时你应该提醒她，学校的着装规范总是有一定道理的，尽管这些道理看起来不总是那么明显，而不是去随声附和地说，学校里的着装规范是愚蠢的。她周围的朋友都认可她说学校的着装规范是垃圾，但父母需要担当应有的角色，以确保孩子遵守学校的着装规范。

青少年在学校里上课发短信被抓，并且手机也被老师拿走了，很可能回家就抱怨说：“X 先生真是个无耻的家伙，那个混蛋当着全班同学的面把我的手机拿走了，我当时并没有发短信，我只是拿出手机看看时间。真的，妈妈，他真是个大傻帽，我发誓如果他再这样对我，我非扁死他不可。”如果父母是孩子的朋友，就会同情他，并鼓励他说：“是的，我不怪你，那混蛋拿走了你的手机，我也很生气。”手机被别人拿走，生气恼火是可以理解的，但父母必须担当父母的职责，而不是友好的同情者。更恰当的一种反应应该是：“如果 X 先生正在上课，拿走你的手机确实不礼貌，不过我相信这种事情下一次肯定不会再发生了，因为你会把手机放在你的背包里，上课期间它应该属于你的背包。无论如何，你需要注意听老师讲课，而不是看手机。”这当然会让孩子露出不情愿的眼神、无奈的呻吟和叹息，但这意味着你在担当父母的职责。

当孩子和朋友们在一起的时候，可以预料到，他们的行为会有点犯傻和淘气。当他们与父母在一起的时候，他们也可能犯傻，这时父母也可以跟着一起犯傻，但绝不能退出父母的角色，一旦调皮捣蛋的恶作剧发生时，父母就应该立即制止。当然父母完全可以给 13 岁的儿子庆祝生日，和儿子一起在舞池快速旋转得像个圆锥（这多半可能会使儿子头晕恶心），和所有的孩子们一起唱歌，和儿子一起愉快地玩耍，享受聚会带来的应有乐趣。

然而，当男孩们都去酒吧，开始互相投掷玩耍，并喝伏特加酒时，爸爸不仅不应该在那里与他们喝酒，而且还需要制止他们。扮演朋友的角色会使自己的孩子感到导向迷茫、无所适从。做个爱教导孩子的父母是没有问题的，父母应该担当他们作为父母的角色，这些都是父母应该做的，孩子们都很期待这些，并能够感受这种做法带来的安全感。

父母和孩子一起犯傻是一种很好的建立情感联结的方式，这会让他们知道父母的内心仍然充满着一些童真。让孩子们放松，与成为他们的朋友是完全不同的。例如，如果你儿子在棒球比赛结束后，你带着他的棒球队去吃午饭，车上有些男孩讲愚蠢的笑话，并且有些男孩用他们的腋窝模拟放屁的声音，这时，有个爸爸和他们一起欢笑是多么令人开心的事情啊，甚至可以再给他们指点一下如何用湿的腋窝模拟出完美的放屁声，就更好了。

但是，如果在餐厅等待座位的时候，你儿子拿餐巾纸擦掉了所有的用粉笔写在餐馆门前板子上的特色菜，这就不好笑了，他这是恶作剧。他的朋友们在那里和他一起发笑，他的父亲应该告诉他，“这是不对的，现在需要有人花费额外的功夫重写你刚刚擦掉的东西。现在去告诉餐厅经理你刚才做了什么。”在无伤大雅的小事上，爸爸可以和孩子们一起犯傻，但是一旦儿子制造恶作剧，父母就走进了父母的角色，并应当解决孩子发生的问题。

离婚的家庭或婚姻不和的家庭中的父母特别容易把孩子当成朋友看待。父母一方可能情感更加脆弱，感觉更需要接近孩子。在没有统一战线的情况下，爸爸或妈妈可能担心自己会成为“坏”父母，所以会允许孩子做过去不允许做的事情。

让我们看看这种情况。迪伦是一个 9 岁的男孩，他和他的妈妈一起度过半个星期，另一半时间和他的爸爸在一起。他喜欢棒球、曲棍球和视频游戏。当迪伦在他爸爸家时，他总是担心他的妈妈一个人会感到孤单，但他的爸爸向他保证，他的妈妈很好，没有什么可担心的。

他的父亲有非常严格的规则，并确保迪伦遵守规则。他必须在晚饭前做完作业，他的电子游戏时间是 30 分钟，睡觉时间是晚上 8 点。迪伦遵守规则，他的父亲对待他就像在离婚前说的一样，“规则就是规则，这是我定的，你必须坚决遵守”，他从来不谈论迪伦的妈妈，除非直接涉及与迪伦有关的事情。

当他和妈妈在一起时，情况就不一样了。妈妈经常和迪伦谈论她自己的事情。“我希望我有足够的钱来支付这个月的租金。”迪伦回答说，“妈妈，你可以用我的钱，也许我可以找到一份工作，做一些事情。我是家里的一员，我应该帮忙。”当迪伦不在妈妈家的时候，他总是担心他的妈妈，现在他更担心租金支付的问题了。

他的妈妈还讨论他的爸爸：“我今天和你爸爸吵架了。我们结婚的时候他就是一个混蛋，他现在是一个更大的混蛋。我不知道我是怎么嫁给那个男人的。”她问迪伦关于成人问题的观点，“你认为我应该更换银行账号吗？其他银行提供了更好的利率。你觉得怎么样，迪伦？”他给出了自己的意见，但并不知道这意味着什么。妈妈每天下班回家，都将她一天的事情和迪伦分享，还提到了一些细节，包括告诉他“有个帅气的家伙今天与我打招呼了。这种感觉真好，有人注意你的性感妈妈了！”

如果有人邀请他的妈妈晚上出去，她首先会说给迪伦，以得到他的允许。当涉及做家庭作业时，妈妈会允许他想什么时候完成就什么时候完成，甚至允许他在做功课前玩电子游戏。他爸爸搬出去后，他的妈妈把电视机放在他的卧室里，所以现在迪伦可以在没有设定晚睡时间的情况下看电视直到深夜。因为他的妈妈担心失去心爱的儿子，所以她不想用规则约束他，并且像朋友一样对待他。她甚至需要在感情上依附他，并可以依靠他的肩膀。

在这种情况下，迪伦的行为更像父母。在某种意义上，他的妈妈已经把他作为一个朋友和知己对待了，而在情感上已经忽视他是个孩子了。他作为孩子的情感需要已经无法超越妈妈的需要了，因为妈妈的行为更像是一个需要帮助的朋友，而不是有担当的妈妈。这种类型的行为，如果不被识别和改变，将会对迪伦有长期的负面影响。

“亲职化”现象是心理学家创造的一个术语，用来描述儿童和父母的角色颠倒的现象，这种现象中，儿童承担了为父母提供情感支持的角色。这种情况经常发生，在家庭危机中遇到麻烦的父母，会转向孩子获得支持，因为一个人在需要帮助的时候会转向朋友。

有多种级别的“亲职化”现象，父母有些是因为不成熟，有些是因为想要他们的孩子喜欢他们而忧心忡忡，有些则在各个方面都把孩子作为一个知己，有时父母甚至可能没有意识到他们正在寻求孩子的支持。他们觉得自己没有问题，心甘情愿做一个“没有脑子的”的父母。其他时候，当父母感到绝望和孤独时，他们依赖孩子倾听他们的问题，并给予他们建议。单亲家庭和婚姻不和的家庭更有可能拥有“亲职化”的孩子。当然，这种现象也可能会发生在任何家庭。

父母与孩子的朋友关系像是一个频谱，一个极端是亲职化，另一个极端是友好的时髦父母。这里所阐述的概念是，成人和儿童的角色是模糊的，这种情况对儿童成长至成年时期都是非常有害的。孩子最终觉得情感上被忽视，从而变得愤怒。他们与成年人沟通时麻烦不断，处理配偶关系困难重重。让孩子担任朋友的角色是给予父母情感上的支持，但这给孩子幼小的心灵带来了巨大的负担。他们总是想取悦父母，但又没有准备好承担起成为父母的朋友的责任。他们不具备处理父母生活细节的能力——这超出了他们的能力范围。

当父母的行为像伙伴搭档而不像父母时，这对于青少年，甚至是那些觉得自己很成熟并且能处理任何事情的青少年都有困难。他们理所当然地不想与他们的父母一起做不直接涉及他们的决定。如果父母认为孩子会给出一些好的建议，他们也会错误地影响孩子。青少年天生就是以自我为中心的，主要考虑什么会影响他们和他们的社交生活。当一个父母到一个青少年那里寻找指导，例如，如何寻找一个新的工作，或如何与一个棘手的老板相处，或在哪里投资，其实，父母最好向他们的同龄人询问。青少年不能也不应该处理成年人问及的上述问题，并给出建议。

把孩子放在朋友角色的父母，应该认识到这是不合适的，应该改变这种行为。父母认为需要让孩子加入到他们所有的活动中，这种情况也是以朋友的角色让孩子过多地介入。这很容易改变。如果你有事外出，不用寻求孩子的允许，这不取决于他们，他们不需要知道你的一举一动。

不管自己有多么渴望，都不要在情感上依靠孩子。不要向孩子寻求关于成年人问题的建议，不要向孩子诉说你的忧虑，因为他们不需要担心你的忧虑，他们需要花时间担心他们自己的问题。不要试图以正常父母边界以外的方式来影响孩子。

当孩子遇到困难时，要同情他们的遭遇，但作为成年人，要确保孩子遵守规则，要尊重像教师、其他父母和警察这样的权威人士。

作为父母，意味着我们必须承担许多角色，但是作为孩子朋友的角色不应该是其中之一。

## 第 10 步

# 不要试图让未来的小说家变成医生

父母死气沉沉的生活会对周围人产生无可比拟的心理影响，特别是对自己的孩子。

——卡尔·古斯塔夫·荣格（Carl Gustav Jung）

《心理学与魔法》（*Psychology and Alchemy*），卡尔·古斯塔夫·荣格联合工作室

★

- 孩子不是你的缩小版。
- 不要试图通过孩子的生命满足你的欲望。
- 如果你为孩子的未来规划好了每一步，那将变成你的生命，而不是孩子的。

多年的抑郁症患者，埃利奥特，是一个印第安纳州医学院的学生，最终明确了自己坏脾气的原因。自埃利奥特出生以来，他的妈妈就对自己承诺，她的这个新生儿子将接受最好的教育，并将成为一名医生，所以她花费了儿子整个青少年时期的宝贵时间告诉他将来要做什么。

在埃利奥特上小学期间，他的整个生活都在妈妈的计划当中。埃利奥特有家庭教师辅导他的功课，以使他的成绩保持在最高水平。甚至周六亲子活动的时间也被减少，这样他可以参加他的辅导课。当妈妈来接他（上课）时，埃利奥特恳求道："可是妈妈，求你让我留下好吗？今天是周六，我不用去学校，并且我也做完了所有的家庭作业。"可是妈妈对他的恳求置之不理："埃利奥特，如果你不多努力一点，你怎么能成为一名医生呢？"

当有人问埃利奥特的妈妈："吉娜，埃利奥特想去医学院读书吗？是不是让他现在知道自己做什么还有点年轻啊？"她回答道："我总想着上大学并且想着去医学院读书，可是我这辈子已经耽搁了，我不想让这件事情再发生在埃利奥特身上，这对我很重要。"

就这样，埃利奥特的妈妈继续坚持执行她的计划，并继续灌输给埃利奥特他将成为一名伟大医生的想法。但是当埃利奥特在三年级的时候，如果你问他想做什么，他会说："我想成为一名最高法院的法官，或者可能成为一名棒球运动员，我真的很擅长棒球，棒球运动员真的很酷。可我妈妈说我会成为一名医生，所以我猜我将会是一名医生。你知道的，我非常聪明。"

当埃利奥特进入中学之后，他的性格开始发生变化。当和父母在一起的时候，他开始变得很安静，并且开始经常产生一种莫名的伤感，然而吞噬他生命的妈妈并没有注意到这些。当和朋友在一起的时候，他变得外向活泼，与他们其乐融融。可是，当与父母互动交流的时候，他开始有点想发脾气。孩子在青少年早期脾气通常都有点难以掌控，并且埃利奥特似乎也和他的朋友一样没有什么区别，年轻人都常常试图挑战权威并另辟蹊径。

不同的是，这个年轻人已经被告知了通往医生道路上的每一步，但他并不确定医学是自己正确的选择。他热爱写作，可是尽管他知道自己更适合写作，但他却不允许自己有这样的追求，因为妈妈已经预言过几百万次了，他已经“命中注定”了要成为一名医生。

在高中期间，他开始付诸行动，并且有时候突然就异常叛逆。在埃利奥特的心智成长过程中，他绝对不会和父母谈论自己的事情。他觉得他自己的事情对父母来说一点都不重要，他觉得父母关心的事情只是他们想要的。他最终不再向父母寻求指导和帮助，因为父母从来没有聆听过他的想法。他随之改为在一些重要的事情上去咨询朋友，而这些事情本应该由父母来承担。

埃利奥特不想成为一名医生，这件事如同石头一样一直压在他的心里。在这件事情上，他感觉自己别无选择，因为自从他还是个孩子起，这件事情就已经变得根深蒂固。甚至没有意识到为什么，他变成了一个极其愤怒和充满怨恨的青少年，并且不知道从什么时候开始，他甚至对他的朋友也变得沉默寡言。与此同时，他仍然继续在之前已经被安排好的人生道路上前行。

埃利奥特的故事很常见。父母经常强加给孩子安排好的职业，而一些孩子可能并没有意识到自己所做的事情并非所愿。许多家族产业能够持续是因为家族的后代受过专门训练。当然，有很多人在继承家族产业后获益，但这绝不应该以牺牲个人的幸福为代价。埃利奥特经历了发生在很多孩子身上类似的事情，其父母都坚持让孩子走已经安排好的职业道路。他的妈妈把埃利奥特看作自己的一部分，这使得她很容易把她自己的夙愿强加给孩子，让孩子成为妈妈梦想的替代者。如果父母把孩子当成他们自己的一部分，而不是当成一个完全独立的个体，这种情况更容易发生。

埃利奥特变得愤世嫉俗、沉默寡言。因为他的愿望一点都不重要，所以他开始按照他的想法行动起来——隐匿自己。他不知不觉地变得孤僻，在父母面前沉默寡言，不再向他们寻求建议，并减少与他们沟通。他内心的愤怒跌宕起伏，因为他感觉自己像一个被俘获在船上的无助的俘虏，行驶在自己不愿意的航道上。

多么不幸的埃利奥特，他目前变成了一个极其愤怒和充满怨恨的医学院学生，这是他父母想要的，但这又有什么用呢？这条由父母安排给他的道路不是他的道路，他仅仅是他妈妈梦想的替代者。

这种“替代性自我实现”理论是指一个替代者，例如小孩、体育明星或者电影明星，承担其他个体未能实现的角色。一位曾经梦想成为专业音乐家的爸爸可能会要求自己的孩子成为一个著名乐队的追星族，并标识自己为乐队成员来实现自己的梦想。一位曾经尝试成为芭蕾舞演员却由于怀孕不得不放弃梦想的妈妈，正在为女儿从事专业芭蕾舞演员的职业而追寻欢呼。她通过标识自己为舞蹈演员来实现自己的梦想，从而给予她一种成就感。

这种安全无害的替代者包括著名田径运动员、演员和音乐家，人们用这些替代者帮助自己获得对未完成梦想的实现感。和他们（这些替代者）依附在一起是一种无害的方式，人们尝试通过这种方式找到他们梦想未能实现的解决方法。他们通过替代者的眼睛感受和观察这个世界，并且可以和替代者一起体验成功的感觉，就像外部世界也在关注着名人的成功一样。

然而，当父母用孩子作为替代者完成自我实现时，他们将更少担心孩子们的内心幸福，而更多关心其他人关注到的他们孩子的成功。

引导建议孩子与强迫孩子是不同的。为孩子设置预期与为孩子规划道路也是不同的。例如，你可能是一个曾经差一点就得了拼写竞赛冠军的妈妈，现在你有个女儿似乎也比较擅长拼写。如果成为拼写竞赛的参与者是她感兴趣的事情，你可以引导她，提问她，但是强制要求她参加竞赛对她来说是不公平的。如果你持续地强制她去参加竞争性的拼写，并且让她参加后续每一次竞赛，但是她对拼写冠军并不感兴趣，你就可能扼杀了她现在或者将来开心愉悦地参加其他竞技比赛的能力。当父母强迫孩子参与某项活动时，他们将会对这项活动失去兴趣。

一般来说，父母都不能客观地评价孩子的技能。他们常常会被爱所蒙蔽，所以不太可能对孩子做客观的评价。不幸的是，正是父母的这种评价结果，促使父母强迫孩子不断地经历失败的感觉。如前文所述，失败并不总是坏事，因为我们需要学会处理失败，并从失败中恢复过来，但是如果父母强迫孩子在一项任务中不断地失败，这完全是另外的事情了。当开始评估你孩子的技能的时候，最好听老师和教练的。这适用于体育领域，也适用于学术领域和职业领域。

不要混淆为孩子设置预期和迫使孩子去做某一项具体的工作或者体育运动。有大量活动的孩子会比没有大量活动的孩子趋向于做得更好。在过去，“行程过满”的孩子被认为会更加紧张和焦虑，但事实不是这样。保持忙碌的孩子在多个方面（水平、级别）都做得更好。他们很少参与消极无效的社交，并且更加健康，也能更好地调整自己。

然而，父母应该总是提供给孩子选择的权利，使他可以选择想参加的活动。每个学期都坚持让孩子做体能训练和非体能训练，这没有任何错误，但是得让他们在一个选项集合中选择。如果你的孩子喜欢（厌恶）团队运动，则可以提供给他们一些选项，诸如体操课、空手道或者跳舞，等等。没有理由强迫孩子做一项具体的体育运功，但是有充分的理由对孩子进行的某种体育运动设置预期。

当孩子选择了想要做的事情，你就应该去引导他们，给孩子一张纸一支笔让他自己去画画，和给孩子一张纸一支笔并告诉他写一张乐谱是不同的。

如果你感觉到你正在规划孩子将来的职业生涯，赶紧停下来吧。因为你正在设置道路，这会使他们变成生气、抱怨且可能生活悲惨的成年人。

如果父母为孩子的生活规划好了每一步，这确实不再是孩子的生活了，这成了父母的生活。所有父母需要做的是建议孩子、引导孩子，为孩子欢呼喝彩，且偶尔重新给他们指明方向，但要让他们做自己生命的主人。

# 结 论

我知道做父母是世界上最重要和最困难的工作，这意味着我们必须持续不断、竭尽全力地做好父母。有目的地审视你对待孩子的行为并确认是否正确将变得非常重要。本书的10步法讲述了如何做好父母这种复杂而艰难的职业，并清晰地被分解为你能够理解的每个方面。我真心希望现在的父母和将来的父母都能够养育一代“相当完美”的孩子。